"十三五"国家重点图书出版规划项目

CHINA HIGHWAY
CANYON
BRIDGES

中国公路峡谷大桥

黄镇东　李彦武　主编

人民交通出版社股份有限公司
China Communications Press Co.,Ltd.

图书在版编目（CIP）数据

中国公路峡谷大桥 / 黄镇东，李彦武主编 . —北京：
人民交通出版社股份有限公司，2017.5
"十三五"国家重点图书出版规划项目
ISBN 978-7-114-13811-9

Ⅰ.①中… Ⅱ.①黄…②李… Ⅲ.①峡谷—公路桥
—研究—中国 Ⅳ.①U448.14

中国版本图书馆CIP数据核字(2017)第079442号

"十三五"国家重点图书出版规划项目

中国公路峡谷大桥
CHINA HIGHWAY CANYON BRIDGES

著 作 者：	黄镇东　李彦武
责任编辑：	吴有铭　牛家鸣
排　　版：	北京楚泰文化传播有限公司
出版发行：	人民交通出版社股份有限公司
地　　址：	（100011）北京市朝阳区安定门外外馆斜街3号
网　　址：	http://www.ccpress.com.cn
销售电话：	（010）59757973
总 经 销：	人民交通出版社股份有限公司发行部
经　　销：	各地新华书店
印　　刷：	北京雅昌艺术印刷有限公司

字　　数：427千	开　本：965×635　1/8	印　张：39
版　　次：2017年5月　第1版		
印　　次：2017年5月　第1次印刷		
书　　号：ISBN 978-7-114-13811-9		
定　　价：260.00元		

版权所有·侵权必究

（有印刷、装订质量问题的图书由本公司负责调换）

编写组

■ **主 编：**

黄镇东　李彦武

■ **编写单位及人员：**

中国公路建设行业协会：

刘　鹏　赵　乐　王　婷　李鹏飞　聂记良

重庆交通大学：

周水兴　徐略勤　孙测世

■ **协助单位：**

贵州、重庆、四川、陕西、云南、湖北、广西、河南、湖南、青海、山西、安徽、福建、西藏、吉林、河北、新疆等省、自治区、直辖市交通运输厅（委）

● 书名题写：周纪昌　　● 封面图片：矮寨大桥（刘喜国提供）

前·言

改革开放以来,中国公路桥梁特别是长大桥梁建设取得了辉煌的成就,到2016年末建成通车的公路桥梁80.53万座,4916.97万延米,其中特大桥梁4257座,753.54万延米,大桥86178座,2251.5万延米。这些公路桥梁跨越海湾、江河、峡谷……实现了货畅其流、人便于行的目的,记录了中华民族为实现交通运输现代化,实现"两个百年梦"的宏伟步伐。

2014年11月,交通运输部决定依托中国公路建设行业协会编纂《中国高速公路建设实录》,展现中国高速公路发展的壮阔历程。我们在研究《中国高速公路建设实录》编纂工作的总体安排和编写大纲时,认为长大桥梁建设是高速公路发展的必然结果,也是高速公路建设成就的重要体现。近年来,我国对长大桥梁的研究逐步展开和深入,特别是跨海湾大桥,如港珠澳大桥、虎门大桥、海沧大桥、舟山大陆连岛工程、杭州湾大桥、嘉绍大桥、东海大桥、青岛胶州湾大桥、香港青马大桥等。跨江湖大桥中跨越长江、黄河、珠江、黄浦江等,跨越洞庭湖、鄱阳湖等的桥梁不胜枚举,众多的长大桥梁建设都有比较系统的专题研究,并在此基础上开展了桥梁工程的国际合作与交流,奠定了中国在世界的桥梁大国地位。但是对建设在高原、山区的峡谷桥梁,无论是宣传程度,还是专业的系统研究都远远不够。因此,我们在编纂《中国高速公路建设实录》的同时,对我国峡谷桥梁的建设进行调查研究,并与重庆交通大学合作,组成了"公路峡谷大桥调研组",以充分发挥重庆交通大学的人才优势和校址地处我国西南地区、了解区域桥梁建设状况的区位优势。

"公路峡谷大桥调研组"经过一年多的努力,先后实地考察了72座峡谷桥梁。从峡谷桥梁建设的信息采集到现场调研,广泛听取峡谷桥梁建设者的意见和看法,多次召开座谈会,深入讨论峡谷桥梁的定义和技术特征、设计与建造技术、管理与养护等专题,积累了大量的信息数据，为后续峡谷桥梁的研究提供了有力的支撑。

根据不完全统计，中国大陆的跨峡谷大桥分布于17个省、自治区、直辖市，建成和在建的峡谷大桥※为378座，其中拱桥75座、梁桥（主要为连续刚构桥）257座、悬索桥20座、斜拉桥26座。我们在"中国公路峡谷大桥调研报告"的基础上撰写了"中国公路峡谷大桥研究"的专题报告，并精选了108座公路峡谷大桥，编就《中国公路峡谷大桥》一书，与读者共飨。需要说明的是，本书收录的大桥，按跨越能力排序，即悬索桥、斜拉桥、拱桥、梁桥。本书的目的是展示我国长大桥梁的建设成就，高等级公路特别是高速公路建设成就，落实党中央、国务院关于"西部大开发"战略的成就，落实"一带一路"建设的成就。

峡谷大桥与海湾大桥、江湖大桥、城市大桥等，都是从地形地貌上对桥梁进行区分。因此，峡谷桥梁的定义与海湾桥梁、江湖桥梁一样顾名思义。各类桥梁关键区别为技术特征不同，这取决于建桥区域的地形、地貌、地质条件及外部环境。受专业水平和调研深度限制，我们的工作还有很多不全面甚至不准确的地方。本书旨在抛砖引玉，希望峡谷大桥能得到桥梁建设者的更多关注，希望更多的桥梁工作者深入研究我国峡谷桥梁的发展，造福民众、造福子孙。同时要感谢有关省、自治区、直辖市交通运输部门和有关峡谷桥梁设计、施工、管理单位，为我们调研峡谷桥梁提供了建设和管理信息、实景图或效果图片等，特别感谢中国公路建设行业协会和重庆交通大学为我们开展峡谷大桥调研工作给予的支持和帮助。

编者

2017年2月16日

※《中国公路峡谷大桥》中收录的中国大陆峡谷桥梁为：（1）桥梁单跨跨经 $L>100m$，（2）桥面距离峡谷谷底或水面 $H>75m$ 的长大桥梁，特殊情况不受此条件限制。

目·录

001 PART ONE 第一篇　中国公路峡谷大桥研究

1　国内外峡谷大桥发展概况　003

2　峡谷桥梁的定义与技术特征　004

3　中国公路峡谷大桥的现状　009

4　几点认识与建议　013

017 PART TWO 第二篇　悬索桥

1　云南龙江大桥　019

2　湖南矮寨大桥　022

3　贵州清水河大桥和棉花渡桥（母子桥）　026

4　四川泸定大渡河大桥　030

5　贵州坝陵河大桥　032

6　湖北四渡河大桥　035

7　湖南张花高速公路澧水大桥　038

8 云南虎跳峡金沙江大桥 040

9 重庆笋溪河大桥 043

10 贵州镇胜高速公路北盘江大桥 046

11 云南普立大桥 049

12 贵州抵母河大桥 052

13 贵州关兴公路北盘江大桥 055

14 贵州西溪大桥 058

15 贵州阿志河大桥 060

16 贵州落脚河大桥 063

17 西藏通麦大桥 065

PART THREE
067 > 第三篇　斜拉桥

1 贵州鸭池河大桥 069

2 贵州毕都高速公路北盘江大桥 072

3 贵州息黔高速公路六广河大桥 075

4 贵州平塘大桥 077

5 贵州红水河大桥 080

6 贵州六冲河大桥 082

7 西藏迫龙沟大桥 085

8 湖北忠建河大桥 088

9 贵州武佐河大桥 090

10 湖南赤石大桥 092

11 重庆武陵山大桥 095

12 新疆果子沟大桥 097

13 贵州马岭河大桥 100

14 贵州道安高速公路乌江大桥 102

15 贵州望安高速公路北盘江大桥 104

16 湖北铁罗坪大桥 106

17 贵州遵贵高速公路复线乌江大桥 108

18 湖北神农溪大桥 110

19 重庆荔枝乌江大桥 113

20 湖北清江大桥 115

21 重庆何家坪大桥 118

22 云南南盘江大桥 120

23 贵州芙蓉江大桥 124

24 山西仙神河大桥 127

PART FOUR
129 > 第四篇　拱桥

1 贵州大小井大桥 131

2 湖北支井河大桥 133

3 贵州总溪河大桥 135

4 湖北小河大桥 137

5 贵州江界河大桥 140

6 贵州香火岩大桥 142

CONTENTS 目录

7 湖南猛洞河大桥　144

8 湖北龙桥大桥　146

9 四川磨刀溪大桥　148

10 四川冯家坪金沙江大桥　150

11 湖北景阳河大桥　152

12 山西北深沟大桥　154

13 陕西石门水库大桥　156

14 湖北南里渡大桥　158

15 贵州夜郎湖大桥　160

16 重庆涪陵乌江大桥　162

17 重庆细沙河大桥　164

18 湖北无源洞大桥　166

19 贵州马蹄河大桥　168

20 贵州海马大桥　170

21 云南化皮冲大桥　172

22 贵州木蓬大桥　174

23 四川索子沟大桥　176

24 重庆罗岩大桥　178

25 山西丹河大桥　180

26 湖南天子山大桥　182

27 贵州龙塘河大桥　184

28 贵州珍珠大桥　186

29 湖南乌巢河大桥　188

30 湖南红星大桥　191

31 湖南仙仁大桥　193

195 > PART FIVE 第五篇　梁桥

1 贵州水盘高速公路北盘江大桥　197

2 云南元江大桥　200

3 贵州贵毕高速公路六广河大桥　202

4 重庆龙河大桥　204

5 贵州平寨大桥　206

6 重庆芙蓉江大桥　208

7 贵州三岔河大桥　210

8 贵州法郎沟大桥　212

9 贵州虎跳河大桥　214

10 贵州韩家店1号大桥　216

11 四川腊八斤大桥　218

12 四川黑石沟大桥　220

13 湖北马水河大桥　223

14 湖北魏家洲大桥　225

15 湖北龙潭河大桥　227

16 湖北野三河大桥　230

17 贵州贵遵高速公路乌江大桥　232

18 贵州大思高速公路乌江大桥　236

19　重庆土坎乌江大桥　238

20　云南金厂岭澜沧江大桥　240

21　云南牛栏江大桥　242

22　重庆狗耳峡大桥　244

23　陕西三水河大桥　246

24　贵州赫章大桥　248

25　云南牛家沟大桥　250

26　贵州竹林坳大桥　252

27　河北贺坪峡大桥　254

28　重庆沿溪沟大桥　256

29　陕西五里坡大桥　258

30　陕西沮河大桥　260

31　陕西洛河大桥　262

32　贵州小江河大桥　264

33　安徽磨子潭 2 号大桥　266

34　吉林板石沟高架桥　269

35　重庆宜居河大桥　271

36　广西拉会高架大桥　273

275 > **INDEXES**
中国公路峡谷大桥索引

295 > **SITE SURVEY**
中国公路峡谷大桥现场调研记录

PART ONE 第一篇

CHINA HIGHWAY CANYON BRIDGES

中国公路峡谷大桥研究

CHINA HIGHWAY CANYON BRIDGES

中国公路峡谷大桥

PART ONE
第一篇 中国公路峡谷大桥研究

2014年11月，交通运输部启动了《中国高速公路建设实录》编撰工作，成立了编审委员会。编审委员会在研究《中国高速公路建设实录》编写大纲过程中，认为峡谷大桥是我国中西部地区高速公路建设中的"亮点"，体现了"西部大开发"和高速公路建设成就。经交通运输部领导批示，由中国公路建设行业协会与重庆交通大学合作组成"公路峡谷大桥调研组"。2016年3月～11月，调研组先后对广西、湖南、云南、陕西、湖北、贵州、重庆、四川和山西共9个省、自治区、直辖市的72座峡谷大桥建设情况进行实地调研，并在南宁、吉首、腾冲、西安、武汉、贵阳等地召开了7次座谈会，围绕峡谷桥梁的定义与技术特征、设计与建造技术、养护与管理等方面进行了深入交流和讨论，提出了许多建设性的意见或建议。

本部分[※]系统地总结了我国自改革开放以来公路峡谷大桥建设所取得的成就，给出了峡谷桥梁的定义与基本特征，较为全面地阐述了我国公路峡谷大桥的技术特点，提出了今后峡谷大桥建设的若干建议。

1 国内外峡谷大桥发展概况

中国是以山地和高原为主的国家，山地和高原约占全国土地总面积的69%。为跨越阻隔道路的山地、峡谷和高原，各地国省道和地方道路上相继建造了数量众多的峡谷桥梁。改革开放前，受到设计理论、

※ 本部分发表于《中国公路》2017年01期，收录到本书时稍作修改。

施工技术、建筑材料、施工装备和经济实力等限制,道路选线多以越岭线再接沿溪线为主,在适当位置以小型桥梁跨越沟谷,道路等级低,桥型以石拱桥为主,跨径大多在60m以下。20世纪70～80年代,随着缆索吊装工艺、悬臂施工技术的运用,混凝土箱形拱桥、桁式组合拱桥、连续刚构桥等更大跨径的桥梁陆续在峡谷上建造。1988年,中国大陆建成第一条高速公路,其后高速公路的快速建设极大地推动了我国公路长大桥梁建造技术的发展。2000年,党中央国务院作出了"西部大开发"的重大战略决策,统筹协调区域经济社会发展,对改善西部地区落后的交通环境,加快贫苦地区脱贫致富具有十分重要的政治意义。我国中西部地区复杂的地形地貌给高速公路的建设提出了挑战,跨越深沟巨壑成为高速公路西进征途中难以回避的问题,也正是这个问题造就并推动了中国公路峡谷大桥的发展,湖南矮寨大桥、贵州清水河大桥、云南龙江大桥、贵州北盘江大桥等一批具有国际影响力的峡谷桥梁陆续建成。

国外建造大跨径峡谷大桥始于20世纪20年代,先后建成了美国皇家峡谷大桥(1929年,主跨286m钢桁梁悬索桥)、瑞士萨尔基那山谷桥(1930年,90m钢筋混凝土拱桥)、黑山塔拉河峡谷大桥(1940年,主跨114m钢筋混凝土肋拱桥)、美国新河谷大桥(1977年,主跨518m钢桁拱桥)、意大利普拉塔诺高架桥(1978年,81m+140m+81m斜腿刚架桥)、法国米约大桥(2004年,204m+6×342m+204m多塔斜拉桥)、墨西哥巴鲁阿大桥(2012年,主跨520m双塔斜拉桥)、墨西哥圣马科斯高架桥(2013年,57m+98m+3×180m+98m+57m连续刚构桥)等。这些桥梁在世界峡谷大桥中占据一定的地位,如位于美国科罗拉多州的皇家峡谷大桥,桥面距离河面约291m,在1929～2001年间一直保持世界最高桥的纪录。这些峡谷大桥目前都已成为公路上一道道亮丽的风景,甚至是旅游景点。

然而,目前国内外对于峡谷大桥没有形成一个公认的学术名词和研究方向。国外峡谷大桥无论在数量上还是规模上均不如中国峡谷大桥如此集中地出现在某些区域甚至某条高速公路上。我国公路峡谷大桥的建设成就举世瞩目,中国公路峡谷大桥在设计、施工、运营和管理等各个环节都别具特色,但受地质、地貌、水文、气象等因素的限制,其研究热度和深度相对滞后,相关研究成果多散见在国内外学术会议、专业论坛、桥梁刊物上。

为此,本部分给出了峡谷桥梁的定义与技术特征。

2 峡谷桥梁的定义与技术特征

2.1 峡谷桥梁的定义

与跨越江湖、海湾的桥梁一样,峡谷桥梁是以桥梁所跨越的地形地貌来区分的,是指跨越峡谷的桥梁。峡谷大桥通常具有以下三个技术特点：

（1）谷深坡陡、桥梁高度大；

（2）施工场地狭小，运输条件差；

（3）基本不具备利用水面施工作业的条件。

2.2 峡谷大桥的技术特点

受峡谷地形地貌、地质条件和自然环境的多重限制，峡谷大桥在设计、施工及养护等方面与跨越江湖、海湾的桥梁有明显的区别，主要体现在：

第一，谷深坡陡、岸坡稳定性差和不良地质条件影响桥位选择、桥型方案、结构形式的确定，甚至直接决定道路选线。

高等级公路因路线纵坡和平曲线半径的要求，难以通过展线爬升或下降的方式来避开高山深谷，只能遇深谷架桥，遇高山挖隧。为了缩短隧道长度，多采用海拔较高的线路方案，因此峡谷大桥的桥梁高度普遍较大，如G56（杭瑞高速公路）贵州北盘江大桥桥面距水面的高度达565m。桥面高度的增大，丰富了峡谷大桥的结构形式和构造。连续刚构桥需要利用高墩的柔性来适应由温度、混凝土收缩、徐变引起的变形，高山峡谷为连续刚构桥的高墩要求提供了天然条件，悬臂施工技术、合理工程造价以及成熟施工设备（挂篮）使之成为峡谷大桥中应用最广的结构形式。贵州水盘高速公路北盘江大桥为改善主梁受力、减轻自重，采用空腹式的拱梁结构形式。双肢薄壁墩是连续刚构桥中常用的桥墩构造形式，随着桥墩高度增加，一方面加剧了稳定性问题，另一方面也为高墩构造设计提供了创新空间，相继出现了变截面双肢薄壁墩、独墩、双肢薄壁墩与独墩相结合的组合式桥墩以及钢管混凝土叠合柱桥墩。贵州毕威高速公路赫章大桥主墩高度达195m，为连续刚构桥中的世界第一高墩，为此该桥设计采用了变截面单箱三室独墩、左右幅主梁共用一个桥墩的构造形式，相比于双肢薄壁墩或组合式桥墩，既增大了桥墩稳定性，又节省了工程造价。G5（京昆高速公路）四川雅西高速公路腊八斤大桥因高墩抗震要求，采用了钢管混凝土叠合柱桥墩。G60（沪昆高速公路）贵州镇胜高速公路虎跳河大桥、水盘高速公路北盘江大桥等则采用了组合式桥墩。国内学者围绕高墩稳定性问题开展了相关理论研究，推导了组合式桥墩、变截面独墩的面内外稳定理论计算公式，进一步完善了桥墩设计理论。

峡谷陡峭地形和不良地质条件影响到桥型、桥跨布置及边中跨比的选择。对峡宽、谷深的桥位，两岸地势变化大，不宜或不具备设立桥墩（塔）的条件，多选用单孔跨越峡谷的悬索桥，而跨越江海的悬索桥因桥位地势平坦，常用双塔三跨或多塔多跨的结构体系。在峡谷悬索桥设计时，通常选择隧道锚以减少山体开挖量和混凝土方量，在某些桥位，可利用地形取消一侧主塔，将主缆直接锚入山体中，如云南虎跳峡金沙江大桥，是一座主跨766m的独塔单跨地锚式钢桁梁悬索桥，仅在丽江岸设置主塔、重力式锚碇，香格里拉岸无主塔，采

用隧道锚。川藏公路318国道上已建成的通麦大桥也是这种结构。受地形影响，为避免桥塔高度过大，斜拉桥通常不得不选用较大的中跨和较小的边跨，因此，小边中跨比成为峡谷大桥特有的立面布置形式。为了平衡边、中跨不等的梁体重量，一般采用中跨为钢梁或结合梁、边跨为混凝土梁的混合梁斜拉桥体系，如贵州鸭池河大桥是一座（72+72+76+800+76+72+72）m的双塔双索面混凝土梁斜拉桥，边、中跨分别采用预应力混凝土箱梁和钢桁梁，边中跨比为0.275。为适应峡谷地形，减少边坡开挖量，保护环境，采用纵横向墩（塔）、基础不对称布置的桥梁结构形式十分常见。置于横桥向陡坡上的同一桥墩（塔）各肢高度不等，两肢墩（塔）刚度不对称。置于纵桥向陡坡上的墩（塔）承台桩基埋深差异大，部分桩基只能外露，形成峡谷大桥中特有的高桩承台，如G65（包茂高速公路）重庆武陵山大桥。

岸坡稳定性问题突出。桥梁下部结构和基础位置直接关系到桥基岸坡稳定和桥梁安全。峡谷桥梁的桥墩（塔）设置在山峰或山脉陡峭斜坡上，靠峡谷底部一侧常有高临空面，岸坡稳定性可能会成为峡谷桥梁的控制性因素。在设计过程中，往往将基础及周边岸坡岩体视为整体进行承载力和稳定性评估，然而岸坡稳定性评价非常困难，考虑到岩石岸坡变形破坏机制复杂，常用的基于弹性半空间的"承载力"稳定性检算方法已不适用。为此，贵州省针对当地地质特点专门出台规定，要求在初步设计阶段就进行岸坡稳定性评价，只有通过评审以后才能开展后续设计与施工。从调研情况看，国内不少峡谷大桥因岸坡稳定性问题导致桥位改变、桥型变更、桥跨调整。G56（杭瑞高速公路）贵州抵母河大桥（钢桁梁悬索桥），根据地形条件该桥无须538m的跨径，但因岸坡稳定性问题最终将跨径调整为538m，以保证桥梁安全；湖南澧水河大桥因岸坡稳定性问题突出，不得已调整了高速公路线路走向，体现了部分峡谷大桥由桥位决定线位的独特现象。

峡谷地区普遍存在岩溶、滑坡、破碎带、崩塌和泥石流等不良地质条件，使一些经济指标良好的桥型方案，因地质条件差而不得不放弃，增大了建设规模。G50沪渝高速公路（原沪蓉西段）湖北支井河大桥在方案研究中曾结合地形特点，提出了无塔式钢桁梁悬索桥方案，该方案利用特有的地形条件仅设转鞍、散索套，取消主塔，经济指标佳，施工条件也较好。但因缺乏设置大型隧道锚和大型重力式锚的地质条件，最终选用430m的上承式钢管混凝土拱桥方案。喀斯特地区因岩溶发育，在设计勘探中受到钻孔数量和钻点位置的限制，有时难以真实揭示墩台处的地质情况，造成施工过程中变更设计，甚至调整桥跨布置。贵州水盘高速公路北盘江大桥在桥墩桩基施工中发现多达5层的溶洞，由于溶洞体量达20万立方米，填补孔洞代价过高，不得不变更设计，最终调整为5×30m预应力混凝土T梁+（82.5+220+290+220+82.5）m预应力混凝土斜腿连续刚构+4×30m预应力混凝土T梁的桥跨布置。

第二，峡谷大桥施工场地狭小，运输条件差，制约因素多，直接影响到施工方案的选择。

（1）场地狭窄，难以开展机械化、规模化施工。

由于峡谷地势险峻，大型机械设备很难到达建设地工点（桥墩、桥台、基础等），尤其是基础施工设备的就位难度更大，有些桥位基础不得不采用人工开挖。

梁体预制场地建设困难，往往需要进行较多大体量的挖填方工程及配套的边坡处理和加固措施，但仍存在场地狭窄、存梁地面积小的问题，难以实施大规模集中预制桥梁构件，预制后的梁板需多次转运，增大了工料机的消耗。有些桥梁只能采取桥上制梁的方式，即先在有限的场地上预制梁（板），待架设后再在桥梁上预制剩余梁（板）。

（2）施工便道长，临时支挡结构多，施工材料、设备等需多次转运。

受高速公路路线选址的限制，不少峡谷大桥桥位远离国、省道和地方道路，需要开辟绵延几公里至几十公里不等的施工便道方能将材料、人员和机械设备运输至桥位处的每一个工点。便道工程开挖数量大，临时防护工程多。当不能或不宜修建临时便道时，施工材料、设备只能采取人工搬运、马匹驮运、吊车或架设天线运输。有些施工设备需拆卸后由人员、吊车搬运至桥墩（台）位置，再重新组装才能施工。

（3）不具备或不完全具备利用水面施工作业的条件。

有些峡谷大桥虽然跨越河流，但存在流速大、水流湍急，不适合通航或不通航的情况，斜拉桥、悬索桥、钢管混凝土拱桥的主梁或主拱节段，不能像跨江湖、海湾大桥一样利用水运方式整节段运输，只能在工厂内制作，通过散件运输到工地后再组拼成节段进行安装。有些峡谷大桥虽有水面条件，如湖南猛洞河大桥、贵州北盘江大桥、云南金沙江大桥等，但因水流湍急，不具备水面施工条件。有些峡谷大桥虽有水面施工条件，但因不通航，同样不能利用水面施工，如G69（银百高速公路）贵州道安高速公路乌江大桥，水面仅能用于摆渡施工人员。

（4）施工方法的多样化。

峡谷区域有限的施工场地和作业面，加大了峡谷大桥的建造难度，但也给施工技术、工艺、工法的传承、创新创造了条件。顶推法、缆索吊装法是钢节段安装有效的施工方法。贵州红水河大桥是一座钢混结合梁斜拉桥，贵州侧的钢边主梁采用顶推法架设，广西侧的混凝土边主梁采用高支架现浇，中跨钢主梁和预制桥面板则采用缆索吊装法运输、安装。缆索系统的主缆临时放置于斜拉桥索塔的上横梁，既省去了缆索系统的主塔构造，又节省了临时措施费。G65（包茂高速公路）湖南矮寨大桥则研发了轨索移梁法，轨索通过吊架支承在吊索上，形成通常的平行轨索，加劲梁由运梁小车悬挂于轨索，利用牵引系统使梁段沿轨索逐段运输至跨中，提升安装就位；贵州抵母河大桥钢桁梁节段安装采用仅在一岸拼装、起吊的方式，为此专门研发了空中旋转吊具，将缆吊设置在索塔内侧，吊装对岸的钢桁梁段时，利用空中旋转吊具实现梁段水平旋转90°，避开吊索干扰后再下放梁段进行安装，采用单侧缆索吊分幅安装钢桥面板，解决了拼装场地不足的问题。

第三，峡谷大桥的设计应与施工紧密结合。

峡谷大桥的设计应充分考虑施工的可行性、难易程度和工程造价等要素。对于跨越江湖和海湾的斜拉桥和悬索桥，通常选择抗风性能良好的扁平钢箱梁，通过水上运输至桥位、采用桥面吊机对称安装梁段。但峡谷桥梁不具备水上作业的条件，在设计阶段就必须充分考虑钢（桁）梁的加工场地和运输条件，因此峡谷大桥的主梁（悬索桥和斜拉桥）一般采用钢桁梁形式。云南保山——腾冲高速公路龙江大桥因桥位两岸的高速公路已建成，可以利用高速公路运输钢箱梁，是中国公路峡谷大桥中仅有的两座钢箱梁悬索桥之一（另一座为云南普宣高速公路普立大桥，为主跨628m悬索桥）。斜拉桥和悬索桥的钢桁梁在工厂加工成杆件和板件单元，由汽车将构件运至施工现场后再拼装和安装，解决了长大构件公路运输困难的问题。大跨径斜拉桥拉索长度长，由平行钢丝制成的成品索成盘直径大，在狭窄蜿蜒的施工便道上运输难度大、安全风险高。当斜拉桥主跨超过400m时，选用钢绞线在现场穿索形成整束斜拉索。这种基于"化整为零、积零成整"的理念在峡谷大桥的设计和施工中得到了充分体现。

第四，山区峡谷风环境复杂，峡谷大桥风致振动问题突出，现有理论研究和规范滞后于工程实践。

峡谷地区地形复杂，风场受局部地形影响剧烈，峡谷风效应明显，风环境与江河湖海地区有着明显的差异。虽然现行抗风规范提供了考虑地形地貌修正的设计基准风速，但由于峡谷地带缺少气象资料，采用开阔处气象站测得的风速特性很难准确反映峡谷桥位处真实的风环境。2016年5月19日17时40分许，G60（沪昆高速公路）贵州坝陵河大桥突遭飓风袭击，瞬时最大风速达34.4m/s，远远超出设计风速25.9m/s，导致大桥通信光缆及电缆管线断裂，交通中断近5h。对四川雅（安）康（定）高速公路泸定大渡河大桥开展了峡谷风环境专题研究，结果表明桥位处的风环境主要由局部热力驱动引起的Ⅰ类风和受大尺度气候环境影响的Ⅱ类风构成，由局部热力驱动引起的风环境在其他峡谷大桥未曾出现，突显出山区峡谷风环境的复杂性。主跨636m的贵州镇胜高速公路北盘江大桥（钢桁梁悬索桥）根据抗风研究结果，将原设计中左右幅分开的桥面板调整为一个整体桥面板，并增加了中央稳定板，以增强该桥的抗风性能。

第五，峡谷大桥后期养护难度大。

峡谷桥梁所处自然条件、地理环境和气象环境复杂，给运营期的养护工作带来了极大困难。常年大风使索结构产生大幅振动和疲劳问题。气温多变、气温骤降、冰雪和冻雨等气象条件不仅影响行车安全，也影响桥梁结构自身的耐久性。调研中发现有几座悬索桥钢桁梁高强螺栓断裂的现象。峡谷大桥高塔、高墩多，跨度大，桥面

PART ONE
第一篇 中国公路峡谷大桥研究

以下往往是几十米甚至几百米的谷底或水面，检查难度大、风险高、工作量大。山体滑坡、崩塌和泥石流等不良地质灾害始终是危及桥梁安全的隐患，如何及时发现、预警和处置灾害是公路峡谷桥梁养护管理中的难题。

3 中国公路峡谷大桥的现状

3.1 峡谷大桥的建设数量与地域分布

据不完全统计，至 2016 年末，我国分布在 17 个省、自治区、直辖市的已建和在建峡谷大桥总计约 378 座（不含已完成设计但尚未开工的峡谷大桥）。其中，连续刚构桥 257 座，拱桥 75 座，斜拉桥 26 座，悬索桥 20 座。作为我国地势中第二级阶梯的主要构成部分，湘鄂渝山区、云贵高原、四川盆地周边山区、陕北黄土高原是中国公路峡谷大桥的主要分布区域。此外，在广西、甘肃、西藏、青海、新疆、河南、山西、福建等省、自治区也建成有少量的峡谷大桥。

峡谷大桥的地域分布由桥区地形地貌、人口密度和高速公路网规划决定。云、贵、川、渝、湘、鄂、陕等省市人口较密集，地势峻峭，地形切割严重，峡谷地貌广布，一直以来又是交通设施相对落后、经济发展较为滞后的地区。随着高速公路向高原山区延伸，尤其是国家"西部大开发"战略的实施，推动了峡谷大桥的建设和发展。

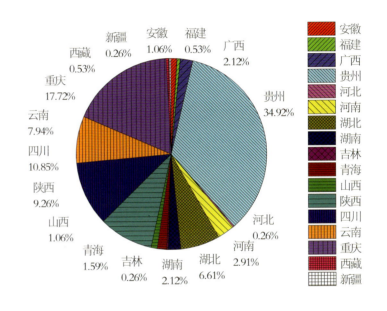

▲ 中国公路峡谷大桥地域分布

从上图可以看到，贵州、重庆和四川是我国公路峡谷大桥分布最集中的三个省份，所建造的峡谷大桥之和占全国总数的六成以上，其中又以贵州最多，占全国公路峡谷大桥总数的三分之一以上。与贵州稍有不同的是，尽管云南也属喀斯特地貌区，滇西横断山脉和金沙江两岸均为典型峡谷山区，但滇西、滇北人口相对稀少，经济发展较滞后，因此云南的峡谷大桥数量不如毗邻的贵州。这种数量上的差异将随着云南后续高速公路的建设而逐渐减小，云南拟在"十三五"期间新建3000km以上的高速公路，峡谷大桥的数量有望大幅提升。与山区谷深坡陡的峡谷不同，陕北黄土高原被流水切割成塬、沟、川、梁、峁的地貌，高原面较为完整，相对开阔平坦，因此陕西的峡谷大桥主要分布在跨越沟壑的陕北黄土高原，且数量较多。

3.2 峡谷大桥的主要桥型

从桥梁类型来说，技术成熟、造价相对经济的预应力混凝土连续刚构桥是我国公路峡谷大桥的首选。统计数据表明（右图），连续刚构桥数量超过全部公路峡谷大桥总数的一半。连续刚构桥主跨在250m以内具有明显优势，这与连续刚构桥采用挂篮悬臂浇筑法施工，可以高空作业，施工机械少、技术经济指标合理等密切相关。

拱桥在数量上仅次于连续刚构桥，占总数的近两成，尤其是钢管混凝土拱桥，跨径在200～500m内具有较强竞争力。从技术特点来说，拱桥是一种适合于山区建造的桥梁，技术成熟、造价合理、造型优美、后期养护成本低，与山区环境可谓相得益彰。钢管混凝土拱桥能够得到较多应用的一个重要原因在于，钢管混凝土拱桥可以采用悬臂拼装法施工，将重达几千吨的主拱圈划分成若干个百吨以内的吊装节段，既满足了国内缆索吊装装备的承载能力，又实现了建造大跨径拱桥的目的。节段间内法兰连接构造、千斤顶斜拉扣挂法、扣索一次张拉法等技术的应用，保障了多节段安装能够安全、快捷地施工。成拱后的

钢管在施工阶段作为灌筑混凝土的模板，成桥阶段与管内混凝土共同受力，免去了混凝土拱桥施工所需的支架（或挂篮），解决了山区建造大跨度峡谷大桥的技术难题。但拱桥对基础要求高，一旦跨径超过500m以后，施工就成为工程建设的唯一控制环节，峡谷地带复杂艰险的建设条件更突出了这一矛盾。统计数据也较好地反映出拱桥在公路峡谷大桥中的地位。

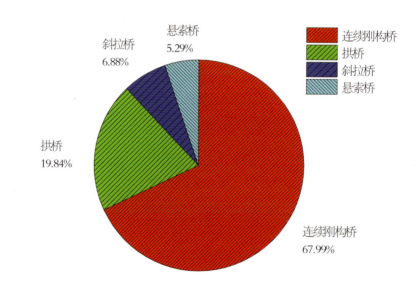

▲ 中国公路峡谷大桥的桥型分布

斜拉桥和悬索桥是跨越深沟巨壑能力最强的两种桥型，采取一孔跨越宽峡深谷，避免了高墩、高塔的建造，如湖北四渡河大桥、湖南

矮寨大桥、贵州坝陵河大桥、贵州清水河大桥、云南龙江大桥等，均因跨越相似的峡谷而采用了悬索桥方案。贵州鸭池河大桥、杭瑞高速公路北盘江大桥则采用了斜拉桥方案。

3.3 峡谷大桥桥型分布特征

右图展示了中国公路峡谷大桥桥型的地域分布特征，峡谷的地形地貌对桥型选择具有决定性作用。云贵高原峡谷遍布全境，既有气势磅礴的云南怒江大峡谷、金沙江大峡谷，贵州坝陵河峡谷、北盘江峡谷和鸭池河峡谷，也有数量众多的小峡谷。除少数是宽深的峡谷外，其余都是较为平坦的峡谷，因此既有建造大跨斜拉桥、悬索桥的迫切需要，亦有大量适合建造连续刚构桥的天然环境，这也是连续刚构桥数量最多的原因之一。在湘、鄂、渝三省市交界的武陵山区，峡谷大桥也比较集中，如G50沪渝高速公路湖北巴东至利川鱼泉口段（旧称沪蓉西高速公路）全长320km，连续建造了魏家洲大桥（连续刚构桥）、龙潭河大桥（连续刚构桥）、铁罗坪大桥（斜拉桥）、四渡河大桥（悬索桥）、野三河大桥（连续刚构桥）、马水河大桥（连续刚构桥）、支井河大桥（钢管混凝土拱桥）、小河大桥（钢管混凝土拱桥）、清江大桥（斜拉桥）等多座峡谷大桥。G65(包茂高速公路)重庆黔江至湖南吉首段，也分布着沿溪沟大桥（连续刚构桥）、细沙河大桥（钢管混凝土拱桥）、武陵山大桥（混凝土斜拉桥）、矮寨大桥（悬索桥）等众多峡谷大桥。陕北黄土高原地势总体平坦开阔，峡谷地貌较为单一，地质条件和边坡稳定性差，不太适于建造拱桥和悬索桥，综合造价、施工和养护等方面，连续刚构桥就成为跨越陕北高原峡谷的唯一桥型。川西高原是四川盆地向青藏高原的过渡地带，这个区域地势强烈隆起，主要以切割剧烈的河谷为主，且该地区地质灾害非常多，地震烈度高、频率大。川藏高原尽管面积广大，但人口稀疏，交通相对闭塞，因此峡谷桥梁的数量并不突出，主要以抗震性能相对较好的连续刚构桥和拱桥为主。

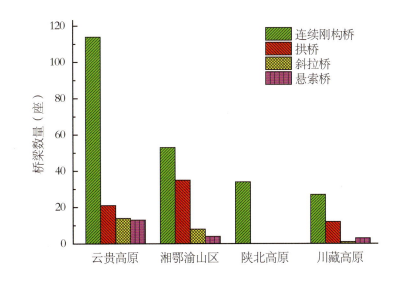

▲ 中国公路峡谷大桥桥型的地域分布特征

峡谷的深度、宽度及地质条件是决定峡谷大桥桥型、跨径和建造规模的重要指标。调查发现，对于峡宽、谷深、坡陡的桥区，大多采用跨越能力大的斜拉桥或悬索桥，如贵州鸭池河大桥（主跨800m）、滇黔界毕都高速公路北盘江大桥（主跨720m）等斜拉桥，以及云南龙江大桥（主跨1196m）、湖南矮寨大桥（主跨1176m）、贵州清水河大桥（主跨1130m）和坝陵河大桥（主跨1088m）、湖北四渡河大桥（主跨900m）等均采用单孔悬索桥跨越峡谷。谷深、坡陡、宽度在200～500m，地质条件良好的桥位一般以跨越能力大的钢管混凝土拱桥为主，如已建成的湖北支井河大桥（主跨430m）、贵州总溪河大桥（主跨360m）、湖北小河大桥（主跨336m），贵州香火岩大桥（主跨300m）以及在建的贵州大小井大桥（主跨450m）。除此以外，则多以连续刚构桥为主（右上图）。连续刚构桥的主跨大多在250m以内，以120～200m居多，桥墩高度一般在80～150m之间。贵州水盘高速公路北盘江大桥主跨290m，为减小主梁截面，采用了空腹式连续刚构体系，本质上属梁拱组合体系桥梁。贵州赫章大桥受到地形地貌和峡谷风环境的限制，采用墩高达195m的四跨连续刚构形式，成为世界第一高墩刚构桥。

我国公路峡谷大桥的建成时间与高速公路建设和国家发展战略密切相关。右下图为我国公路峡谷大桥的建成年代分布情况，从侧面体现了高等级公路和高速公路建设从东部沿海地区向中西部山区高原挺

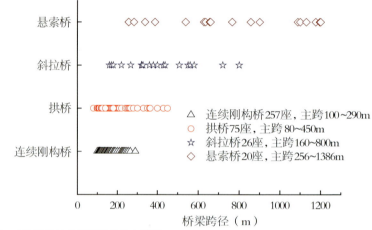

▲ 中国公路峡谷桥梁跨径分布范围

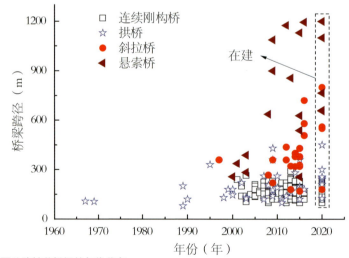

▲ 中国公路峡谷桥梁的年代分布

PART ONE
第 一 篇　中 国 公 路 峡 谷 大 桥 研 究

进的历程。

20世纪90年代前，我国公路峡谷大桥的数量较少。90年代后，峡谷大桥开始逐渐增多，但以拱桥居多，如1995年贵州省建成的江界河大桥，为主跨330m预应力混凝土桁式组合拱桥。2000年，国家实施"西部大开发"战略，公路峡谷大桥的数量开始激增，但在桥型上以连续刚构桥、拱桥为主，跨径在120～500m内。2009年建成的贵州坝陵河大桥，是国内第一座跨径超千米的公路峡谷大桥。2010年后，国家进一步加大了西部地区交通基础设施建设的力度，相继建成了多座500m甚至1000m以上的超大跨径公路峡谷大桥，说明高速公路建设已全面进入连通中西部山区和高原的攻坚阶段，反映出我国峡谷大桥建造技术日新月异的进步，为实现"高速平原"的宏伟目标打下了坚实的基础。

4 几点认识与建议

第一，峡谷大桥的大量建造是我国高等级公路建设的必然结果。改革开放以来，我国高等级公路特别是高速公路的建设，推动了一大批世界级水准的长大桥梁的建造，为国民经济和社会发展注入了巨大的动力，体现了我国综合国力的提高，也促进了我国桥梁领域的科技进步。近年来，随着"一带一路"、长江经济带建设以及"西部大开发"战略的深入推进，高速公路作为先导性交通基础设施正加快向中西部延伸。我国中西部地区地势起伏大，崇山峻岭，峡谷深切，高速公路难以通过展线来绕开高山和峡谷，深切峡谷往往不具备设立桥墩（塔）的条件，只能通过大桥跨越峡谷中心位置，由此建成了数量众多、具有世界影响力的峡谷大桥，推动了我国峡谷大桥的发展和技术进步。

我国公路交通基础设施的中长期布局规划《国家公路网规划（2013年—2030年）》明确了继续加大对边疆地区、贫困地区的扶持力度，扩大西部地区路网覆盖的要求。目前，我国在建的公路峡谷大桥有24座，为数不少的峡谷大桥处于立项和招投标阶段。可以预见，我国公路峡谷大桥的数量还将再上新的台阶，新型结构形式、创新建造技术、更大规模的峡谷桥梁必将续写我国桥梁建设的新篇章。

峡谷大桥的修建缩小了中西部地区与沿海地区交通基础设施的差距，促进山区"高速平原"目标的实现，必将带动区域产业发展和资源开发，进一步推动区域经济协调可持续发展、加快贫困地区脱贫步伐，促进民族团结，为全面建成小康社会做出贡献。

第二，因地制宜开展峡谷大桥设计，不盲目追求跨径、高度等指标的突破。险峻的地形条件、复杂的地质结构、多变的气候条件、脆弱的生态环境、艰难的施工条件都是影响峡谷大桥设计的因素。峡谷大桥的设计需打破传统工程建设思维，树立以人为本、安全和谐、资源节约、环境友好的新理念，综合考虑峡谷深度、宽度、地质、水文、气象等条件，合理确定桥位，在满足安全、适用、经济、美观、环保、耐久的原则下合理选择桥型和桥跨布置，因地制宜开展峡谷大桥的设计，不盲目追求跨径、墩高等指标的突破，不为创新而创新。

对于宽度在千米左右的陡深峡谷，悬索桥是优先考虑的桥型；对于宽度在五百米以上的陡深峡谷，钢桁梁斜拉桥或钢桁结合梁斜拉桥是一种比较理想的桥型；对于宽度在五百米以下、地质条件良好的陡深峡谷，拱桥和斜腿刚构桥是较为合理的桥型；对于坡度大、谷宽小、无水或少水的峡谷，采用沟心设墩、一墩两跨的结构形式，既可以避免在陡坡上"动土"和布置桥墩的困难，又可以起到保护自然环境的作用，同时还可提高施工安全，减少边坡防护，降低诱发地质灾害的概率；对于较为平坦的峡谷，选用与高墩协调的大跨连续结构，能较好地满足设计要求。

施工单位应联合参与峡谷大桥的关键设计，由双方人员根据施工和运输条件，合理设计桥梁构造和施工方案，共同完成大桥的设计工作。这样既能克服设计人员缺乏施工经验不足的问题，又使施工技术人员能更深刻理解设计意图，也可避免因设计方提出的施工方案不合理，需要变更构造、增加投资的不足。

第三，重视峡谷大桥建设中的科技进步，包括工法、工艺、材料及设备等方面的创新与总结。峡谷大桥建设中的科技进步在攻克施工难题、保障施工安全、提高施工质量等方面具有重要意义，是支撑我国桥梁工程不断发展的重要基石。中国峡谷大桥的建设催生了一大批具有创新性的工法、工艺，促进了我国桥梁施工装备、技术、材料等方面的进步，拓展了传统施工工法在峡谷大桥建设中的应用。矮寨大桥的轨索移梁法、抵母河大桥的空中转体法、鸭池河大桥的缆索吊装法、红水河大桥的顶推与缆索吊装组合施工法等，这些工法对提高峡谷大桥的施工效率、缩短施工工期、确保施工安全和工程质量都起到了重要的作用，带动了桥梁施工装备的革新。机制砂自密实混凝土的研发与应用，成功解决了峡谷大桥取材困难的难题，大大节省了工程造价。目前这些成果大多散落在相关的论文和技术报告中，需要进行系统地总结和提升。

第四，重视峡谷大桥的管养。我国峡谷大桥的建设取得了举世瞩目的成绩，但也出现了一些共性问题，如早期建造的大跨径连续刚构桥下挠与开裂、多座钢桁梁悬索桥高强螺栓的断裂等，危及大桥安全，这表明我国现行桥梁设计理论有待进一步完善，急需开展专题研究，尽快找出原因和改进设计的方法。不仅如此，这些问题已经给大桥管理单位带来养护维修的困难。峡谷大桥地处偏远山区，高墩高塔又增大了管养难度，管养部门应防微杜渐，以避免微小病害的长期累积造成灾难性事故。

虽然国内外针对混凝土梁桥、拱桥、连续刚构桥、斜拉桥等已经开展了养护维修技术的研究与实践，但在养护维修的核心关键技术方

PART ONE
第一篇 中国公路峡谷大桥研究

面进展不大，峡谷桥梁高墩、高塔居多，单纯依靠人工检测效率低、检测覆盖面窄，难以满足峡谷大桥的日常维护，亟待研发智能化、信息化、自动化检测设备和长期监测系统。因此建议开展以下研究工作：

① 养护管理系统、超载管理系统、大型桥梁远程健康监测系统、数据共享与应用研发；

② 边坡稳定、落石监测与快速预警系统研发；

③ 适合于峡谷桥梁高墩、高塔的新型检测装备与检测技术的研发（如无人机）；

④ 图像实时采集与数据分析系统研发；

⑤ 极端气候环境下应急、保通、快速救援研究；

⑥ 峡谷桥梁病害分析与处治智能专家系统研发。

第五，峡谷大桥建设可以与农村公路网建设相结合。在峡谷大桥建设过程中开辟的几公里至几十公里不等的施工便道，用于运输大桥施工材料、人员和机械设备，通常情况下在桥梁建成后便完成了其使命。G50 沪渝高速公路湖北巴东至利川鱼泉口段长 320km，施工便道总长度达 530.263km，其中业主（指挥部）修建施工进场道路 57 条共计 252.263km，投资 9269.7784 万元，施工单位进场后根据工程建设需要修建至各施工点的施工便道共 130 条 280km。部分山区百姓散居在施工便道附近，施工便道的建设刚好解决了当地群众梦寐以求的出山道路，为他们尽快脱贫致富、促进民族地区经济发展、改善交通环境创造了条件。因此，在今后的峡谷大桥建设中，应将施工便道的建设与农村公路网统筹考虑，纳入农村公路网建设的一部分，有利于促进高速公路建设资金的最大化利用，实现一次投资两次受益的新模式。建议国家相关部门尽快开展研究，制定相关政策，造福山区百姓。

PART TWO 第二篇

悬索桥

CHINA HIGHWAY CANYON BRIDGES

CHINA HIGHWAY
CANYON
BRIDGES

中 国 公 路 峡 谷 大 桥

PART TWO
第二篇 悬索桥

1 云南龙江大桥
The Longjiang Bridge in Yunnan Province

龙江大桥位于云南省保山市境内,地处横断山脉南段,东、西两岸分别属龙陵县和腾冲县。该桥是S10保山至腾冲高速公路上的一座大桥,也是云南省干线公路"9210"骨架网、"7719"一般干线网上的控制性工程。该桥于2012年6月开工建设,2016年5月建成。

桥位区属于中切割高中山峡谷地貌,为火山岩溶台地和河谷陡坡地形区,附近河段谷底高程在1180m左右,河谷深切,谷肩地带高程保山岸为1400～1450m,腾冲岸为1410～1480m,总体上由下游向上游逐渐降低。河谷呈V形,V形谷口宽度约1100m。谷肩以下河谷狭窄,呈陡直或阶梯状谷坡,总体坡度30°左右;谷肩以上熔岩台地地势开阔宽缓,总体向河谷倾斜,坡度5°～15°。桥面距离江面283m,最高索塔顶至江面470m。

龙江大桥为双塔单跨钢箱梁悬索桥,跨径布置为(320+1196+320)m。大桥索塔采用钢筋混凝土双柱式门形框架结构,由塔冠、上塔柱和下塔柱组成,保山岸索塔高169.7m,其中桥面以上高度124.6m;腾冲岸索塔高129.7m,其中桥面以上高度为124.6m。主缆垂跨比为1/10.5,两根主缆的横向中心距25.5m,主缆直径728mm,由169根

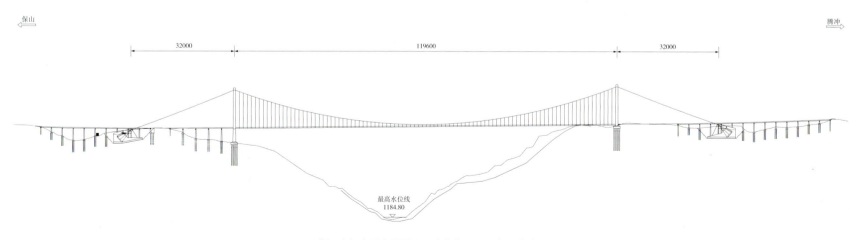

▲ **龙江大桥立面布置图**(尺寸单位:cm;高程单位:m)

索股组成。加劲梁采用单跨流线型扁平钢箱梁，在山区悬索桥中非常罕见，总长1194.2m，由97个钢箱梁节段拼成，每个节段长12.4m，宽33.5m，高3.0m，质量153t，采用缆索吊装系统进行节段安装。除两岸处长吊索距离索塔中心15.2m外，其余吊索间距均为12.4m。根据吊索的受力特点，考虑材料性能、加工制作、安装维护、后期更换等因素，采用钢丝绳吊索。吊索与索夹为骑跨式连接，吊索与加劲梁采用销接方式连接。索塔采用群桩基础，哑铃形承台下布置16根直径为2.5m的钻孔灌注桩，按嵌岩桩设计，并考虑钢护筒与桩基础共同受力以提供基础的抗震能力。两岸锚碇均采用重力锚，为国内首次在高地震烈度区全风化岩层上设置扩大基础重力式锚碇，采用无黏结可替换预应力钢绞线锚固系统，锚固方式为前锚式。

龙江大桥设计荷载等级为公路-Ⅰ级，人群荷载标准为2.5kN/m，设计行车速度为80km/h。桥梁的最大纵坡为4.552%，桥面横坡为双向2.0%，桥面全宽33.5m，双向四车道。龙江大桥在设计过程中克服

▼ 龙江大桥施工图

PART TWO
第 二 篇 悬 索 桥

了高地震烈度、不稳定岸坡、全风化岩石锚碇持力层等难题，尤其在抗震方面，由于本桥位于抗震设防烈度为Ⅷ度的强震山区，设计峰值加速度高达 0.3g，所以设计上创新性地采用了延性更好的类似圆形截面索塔和重量更轻的钢箱梁，并设置了减震耗能的阻尼器和钢护筒桩基础，以提高大桥的抗震能力。

龙江大桥与我国其他山区峡谷悬索桥不同，采用了钢箱梁形式，在架设主梁过程中充分利用了两岸引桥已经建好，有利于运输箱梁节段的这一重要优势。龙江大桥在施工方面有五项技术创新，分别是：① 采用无人机牵引先导索过江；② 采用索股入鞍段预成型及架设技术，索股架设仅用时 43 天，较一般主缆架设方案节省两个多月；③ 采用圆形缠丝 + 缠包带方式 + 除湿系统方式进行主缆防护；④ 首次采用喷洒葡萄糖酸钠作为缓凝剂，配合水枪冲刷的施工方法进行锚碇混凝土凿毛施工；⑤ 就地取材，采用火山灰作为混凝土外掺剂配制锚碇大体积混凝土。此外，在施工过程中，两岸地质条件复杂，边坡稳定处治难，锚碇基础土体为粉质黏土，且桥址区雨季长，开挖难度非常大。

龙江大桥的建设对云南交通格局和滇西旅游发展有重要推动作用。

▶ 龙江大桥实景图

2 湖南矮寨大桥
The Aizhai Bridge in Hunan Province

矮寨大桥位于湖南省湘西土家族苗族自治州吉首市境内，是 G65 包头至茂名高速公路上的一座大桥，也是长沙至重庆通道湖南段吉首至茶峒高速公路中的重点工程。该桥于 2007 年 10 月启动建设，2012 年 3 月建成，历时 4 年零 5 个月。

桥址区位于云贵高原与沅麻盆地交界处的德夯大峡谷中，为典型的峡谷悬崖地貌，地形起伏极大，相对高差达 500m。茶洞岸山顶最高处地面高程为 736.9m，吉首岸山顶最高处地面高程为 649.92m，峡谷底部最低处地面高程为 236.1m，谷底宽约 60m，峡谷总体呈 U 形。谷内的德夯河为沅江支流，河水自东向西流，矮寨大桥沿北西向横跨峡谷，两岸主塔均位于悬崖体上部。

极其特殊的地形地貌和环境使矮寨大桥的建设面临着五大施工难题：① 地形险要，桥面到峡谷底高差达 335m，两岸索塔位置距悬崖边缘仅 70～100m；② 地质复杂，桥位处存在岩堆、岩溶、裂隙和危岩等不良地质，主塔下方发现 18 个溶洞，最大的溶洞灌注混凝土一万

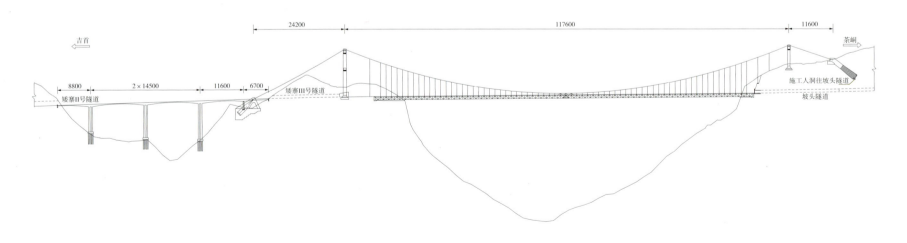

▲ 矮寨大桥立面布置图（尺寸单位：cm）

PART TWO
第二篇 悬索桥

▲▲ 矮寨大桥实景图一

余立方米，仅基础处理就花费一年多时间；③气象多变，峡谷多雾，瞬间最大风速为31.9m/s，严重影响施工测量和主缆架设；④吊装困难，主缆及钢桁梁在300～400m高空架设，单件吊装最大质量达240t；⑤运输困难，土建工程运量大，绝大多数材料运输要经过13km的崎岖便道和矮寨盘山公路的13道锐角急弯。

矮寨大桥为塔梁分离式悬索桥，采用单跨1176m简支钢桁加劲梁，是目前世界上跨越峡谷的最大跨径钢桁梁悬索桥。大桥索塔采用钢筋混凝土双柱式门形框架结构。主缆布置为（242+1176+116）m，垂跨比为1/9.6，两根主缆横向中心间距为27m，主缆直径850mm，由169根索股组成。钢桁加劲梁高7.5m，全宽27m，其中桥面系宽24.5m。标准节段长14.5m，共计69个节段，钢桁梁总长1000.5m，质量约8000t。桥面采用纵向工字钢梁与混凝土板结合的钢——混叠合梁形式。吊杆共71对，采用骑跨式与主缆相连接，除岩锚吊索、端吊索及中央扣斜拉索采用直径为88mm的钢丝绳外，其余吊索均为直径62mm钢丝绳。锚碇系统在吉首岸采用重力式锚体，在茶洞岸采用隧道式锚体，其中锚塞体长43m，倾角为38°。

桥梁设计荷载等级为公路-Ⅰ级，设计行车速度80km/h，设计基准风速34.9m/s，设计基本地震动峰值加速度0.05g。桥面全宽24.5m，双向四车道，中央分隔带宽度为2m，吉首岸连接的矮寨Ⅲ号隧道的中央分隔带宽度为4.4m，茶洞岸连

接的坡头隧道为分离式隧道。桥梁设置 0.8% 的单向纵坡。主桥总体设计中主缆的理论顶点受纵坡影响，茶洞岸比吉首岸高 9.408m。这种设计可降低吉首岸边跨主缆的水平倾角，同时也使茶洞岸的索塔高度和边跨主缆的布置更合理，使全桥主缆受力更均匀。

矮寨大桥在结构和施工方面包含了四项重要创新，分别是：①首次采用塔、梁完全分离的结构布局；②采用世界首创的轨索移梁工艺进行主桁梁架设；③首次在无梁区采用岩锚吊索；④首次采用大吨位碳纤维高性能材料作为预应力岩锚。

▲ 矮寨大桥实景图二

在施工过程中，采用轨索移梁法大大加快了工程进度，用时不到3个月时间完成了全部69节钢桁梁的架设。在主缆架设期间，创造了每天6根单线往复式架缆的最高纪录。钢桁梁45万套高强螺栓全部精确定位安装，无一扩孔现象。全桥在施工过程中未出现一起重大安全事故，实现了"零死亡"的安全目标。这些都为矮寨大桥的竣工增添了不少色彩。矮寨大桥的建成，彰显了新时代中国公路建设新成就，成为湖南经济文化交流、旅游商贸发展的"新地标"。

3 贵州清水河大桥和棉花渡桥（母子桥）
The Qingshuihe Bridge and The Mianhuadu Bridge in Guizhou Province

清水河大桥

清水河大桥位于贵州省瓮安县境内，是 G69 银川至百色高速公路贵州境内贵阳至瓮安段上的重要节点工程。该桥于 2013 年 8 月开工建设，2015 年 12 月建成。大桥的建成使瓮安到贵阳的路程由原来的 160 km 减少到 36 km。

桥址区属于长江流域乌江水系一级支流清水河段，河床由基岩构成，岩石坚硬，河谷两岸地势陡峭，切割较深，地形起伏大，河道不具备通航条件。桥址区位于格里桥电站坝址下游约 3.5km，乌江干流上的构皮滩电站库尾回水将至格里桥电站坝下。在电站蓄水后，河水位将上涨 20m 左右，高程为 629m。清水河大桥跨中桥面距谷底高差为 407m。

清水河大桥为主跨 1130m 板桁结合钢桁加劲梁悬索桥，全桥跨径布置为 9×40m（T 梁）+1130m（悬索桥）+16×42m（T 梁），桥梁全长 2171.4m。该桥的跨径在世界钢桁加劲梁悬索桥中排名第六、在中国排名第二，是目前贵州省最大跨径桥梁。大桥索塔采用双柱式钢筋混凝土框架结构，开阳岸索塔高 230m，瓮安岸索塔高 236m。主缆布置为（258+1130+345）m，垂跨比为 1/10，横桥向间距为 27.0m，吊索顺桥向间距为 15.2m。在主跨跨中处，主缆与钢桁架之间设置 3

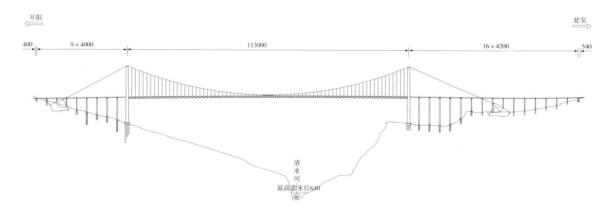

▲ 清水河大桥立面布置图（尺寸单位：cm；高程单位：m）

清水河大桥施工图

对柔性中央扣。钢桁加劲梁的主桁架采用带竖腹杆的华伦式结构，桁高7.0m，标准节间长7.6m，两片主桁架弦杆中心间距27.0m。在钢桁梁主桁架端部下弦杆底面对应端竖腹杆的位置各设置一个竖向支座，全桥共计4个。在端主桁架上、下弦杆的外侧，对应端主横桁架的上、下横梁处各设一个横向抗风支座，全桥共计8个。两岸索塔均采用18根直径3.5m的桩基础，锚碇均采用重力锚。

清水河大桥设计荷载等级为公路-Ⅰ级，设计行车速度80km/h，桥面净宽24.5m，双向四车道。设计基准风速为29.4m/s，抗震设防烈度Ⅵ度。

清水河大桥采用板——桁结合体系加劲梁，较传统的分离体系可节约上部结构10%的造价。由于取消了桥面板伸缩缝及支座，行车舒适性更好。通过板——桁结合结构，减少节段数量，增加梁段整体刚度，方便起吊和水平向运输，且桥面板和钢桁梁节段可同时安装，不仅解决了吊装难题，也大大节约了工期，全桥加劲梁架设仅用时93天。为了便于后期维修养护，大桥设计了自行式主缆检查车，能够在主缆上实现大角度行走，智能通过悬索桥索夹和吊索，实现对主缆全断面的检查。

棉花渡桥

棉花渡桥位于贵州省开阳县棉花渡口，跨越清水河。大桥开阳岸连接毛云至棉花渡公路，瓮安岸连接白沙至棉花渡公路。由于交通不便，长期以来两岸人民群众的经济生活往来全靠人挑马驮，过河交通依靠铁皮船摆渡，极大地阻碍了当地交通和经济发展。因此，棉花渡桥的建设对改善两岸群众的出行问题，农产品运输问题，以及加速当地经济发展具有重要的意义。

2001年，建设单位进行了棉花渡桥建设的招标工作，项目总投资约2200万元，但因工程造价低，加之桥位区地势险要，作业空间狭窄，

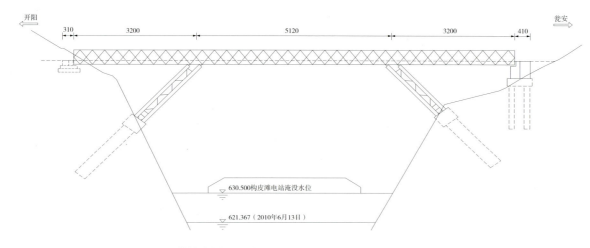

▲ **棉花渡大桥立面布置图**（尺寸单位：cm；高程单位：m）

PART TWO
第二篇 悬索桥

▲ 棉花渡大桥实景图

施工难度大，交通运输不便等工程难点，无施工单位参加投标，招标工作最终流标。

2013年8月，贵瓮高速公路的控制性工程——清水河大桥，在清水河两岸顺利开工。棉花渡桥也因清水河大桥的建设，被再次提上了日程。开阳县、瓮安县交通局多次与清水河大桥施工单位进行棉花渡桥建设的协商，于2013年11月达成一致。

棉花渡桥原设计为钢筋混凝土箱形拱桥，施工难度较大，施工周期较长，考虑地势、交通、施工难度等因素后，最终确定采用钢桁斜腿刚构桥方案。以清水河大桥的建设为契机，在利用清水河大桥管理资源的基础上，棉花渡桥建设的施工作业队、施工机械、周转材料等建设资源也均来源于清水河大桥。钢桁梁架设则采用了工程造价低、施工简便、结构整体性好的顶推施工工艺。

棉花渡桥的桥型设计为（32+51.2+32）m的钢桁斜腿刚构桥，全长122.4m，全宽8.8m，桥面净宽6m，设计荷载等级为公路-Ⅱ级，设计行车速度20km/h。钢桁采用整幅断面，桁高4.6m，由钢桁架和钢桥面板组成，杆件采用高强螺栓连接。桥台按U形台设计，基桩采用倾斜的独桩基础，主墩为钢管混凝土结构，节段拼装。

棉花渡桥的建设解决了开阳县与黔南州瓮安县交界区域交通瓶颈问题，对区域经济发展、文化交流及生活往来也具有重要意义。本桥的建设充分利用了清水河大桥的建设资源，桥型方案综合考虑了设计、施工工艺和造价等因素，为峡谷山区低造价桥梁建设积累了宝贵的设计、施工及管理等经验。

4 四川泸定大渡河大桥
The Daduhe Bridge in the Luding County of Sichuan Province

泸定大渡河大桥位于四川甘孜藏族自治州泸定县，是 G4218 雅安至康定高速公路上的一座大桥。该桥于 2014 年 5 月开工，目前正在建设中。

桥区属构造剥蚀中高山地貌，两侧峰岭与谷底相对高差 1122m。两岸山体雄厚，横坡陡峭，自然坡度 45°～55°，部分基岩裸露，形成陡坎，局部坡度 60°～70°。大渡河由北向南穿过桥区，泸定水电站正常蓄水时，水面宽达 430～460m。

泸定大渡河大桥主桥为 1100m 的单跨钢桁梁悬索桥，雅安岸右线引桥采用 3×34m 箱梁桥、左线引桥采用 3×30m 箱梁桥；康定岸引桥为（3×34+3×34）m 两联箱梁桥，全长 1411m，桥梁高度 285m。主缆跨径布置为（220+1100+253）m，矢跨比 1/9，横向中心距 27m。每根主缆由 187 股通长索股组成，直径 773.0mm。主梁采用带竖腹杆的华伦式结构，上、下弦杆和斜腹杆采用箱形截面，竖腹杆采用 H 形截面。主桁宽 27.0m、高 8.2m，宽跨比 1/40.7，高跨比 1/134.1。横梁上、下弦杆采用箱形截面，竖、斜腹杆采用 H 形截面。主梁节间长度 10m，每一节间处设一道横梁。桥道系采用纵向工字梁与混凝土桥面板的钢——混组合结构形式，纵梁横向间距 2.85m，梁高 0.54～0.768m，支撑在横梁的上弦杆上，理论跨径 10.0m。主塔

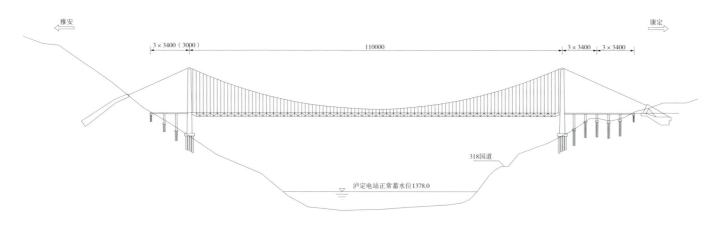

▲ **泸定大渡河大桥立面布置图**（尺寸单位：cm；高程单位：m）

PART TWO

第 二 篇 悬索桥

▲▲ 泸定大渡河大桥施工图与效果图

是门式钢筋混凝土框架结构，塔柱为空心箱形截面，横梁为波形钢腹板预应力混凝土结构。两岸桥塔等高，均为188.0m。雅安岸采用隧道锚，长度为157.5m，锚塞体采用抗渗微膨胀混凝土，并掺入聚丙烯腈纤维。康定岸采用重力锚，尺寸为85m(长)×60m(宽)×56m(高)。

泸定大渡河大桥设计荷载等级为公路-Ⅰ级，设计行车速度80km/h，桥面为双向四车道。桥区峡谷多雾，气象多变，风场紊乱，瞬时风速达32.6m/s，抗震设防烈度为Ⅸ度，昼夜温差达15℃以上。

泸定大渡河大桥在结构设计上重点解决了地震烈度高、风环境复杂、边坡稳定差三大突出问题，主要技术创新有：① 雅安岸采用深长隧道锚，减少了锚碇开挖量，保护了环境，降低了造价。同时，隧道锚与隧道的关联构造也保障了隧道锚的可靠性。② 针对高烈度山区大跨度悬索桥抗震问题，创新地提出了索塔横梁采用波形钢腹板组合横梁的构造形式；中央扣采用防屈曲钢支撑，解决纵向抗震的问题。③ 针对边坡岩土体稳定问题，创造性地采用了人字形支挡结构。将抗滑桩按人字形布置，采用"疏导"的方式，将强震可能产生的碎屑流沿斜向导出大桥范围，确保碎屑流不危害大桥的安全。④ 在抗风设计上，结合区域地形CFD分析，在地形模型风洞实验的基础上，对主梁节段模型进行了风洞试验和气动参数优化设计，以避免风致灾害的发生。

5 贵州坝陵河大桥
The Balinghe Bridge in Guizhou Province

坝陵河大桥位于贵州省关岭县与黄果树管理区交界处，是 G60 上海至昆明高速公路贵州境内镇宁至胜境关段上的一座大桥。该桥于 2005 年 4 月开工，2009 年 12 月建成，历时 4 年零 8 个月。坝陵河大桥东接壮美的黄果树大瀑布、西临三国索马古道、南毗神秘的红岩天书、北靠滴水滩瀑布，建成后成为黄果树景区一道举世瞩目的风景。

桥址区位于黔西地区高原重丘区，横跨坝陵河大峡谷。峡谷西岸地势陡峭，起伏变化急剧，东岸较缓。峡谷宽约 2000m，深切达 600m，桥面距离常水位约 370m。

坝陵河大桥为主跨 1088m 的单跨钢桁加劲梁悬索桥，两岸引桥为预应力混凝土连续箱梁桥，总长 2237m。大桥索塔为钢筋混凝土双柱式门形框架结构，东岸索塔总高 185.788m，西岸索塔总高 201.316m。主缆布置为（248+1088+228）m，垂跨比为 1/10.3，两根主缆横向中心间距为 28m，采用预制高强镀锌平行钢丝索股（PPWS）组成，每根索股含 91 根钢丝。钢桁加劲梁的主桁架为带竖腹杆的华

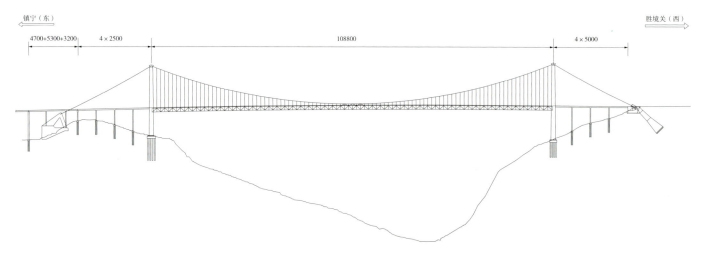

▲ 坝陵河大桥立面布置图（尺寸单位：cm）

PART TWO

第二篇 悬索桥

伦式结构,由上弦杆、下弦杆、竖腹杆和斜腹杆组成。主桁架桁高10m,标准节间长10.8m,两片主桁架左右弦杆中心间距与主缆间距相同,均为28m。吊索采用钢丝绳,每一吊点设2根吊索。吊索与索夹为骑跨式连接,与加劲梁为销铰式连接,销铰接头带有自润滑轴承,以减小吊索的弯折。为提高全桥刚度,减小加劲梁的纵向位移,同时改善跨中吊索可能出现的弯折和疲劳问题,在跨中附近的6个节间钢

▼ 坝陵河大桥实景图

桁加劲梁和主缆间设置了3对柔性中央扣。东西两岸的索塔采用桩基础，桩径2.5m，东岸桩长60m，西岸桩长40m。西岸锚碇采用隧道锚，锚洞轴线总长74.34m，锚塞体浇筑混凝土方量2.3万立方米；东岸重力式锚碇浇筑混凝土方量近8.2万立方米。

坝陵河大桥设计荷载等级为公路- I 级，设计行车速度80km/h，桥面净宽24.5m，双向四车道。设计基准风速为25.9m/s，抗震设防烈度为Ⅶ度。

在设计和施工方面，坝陵河大桥钢桁加劲梁主桁架和主横桁架采用了新型整体节点方案，斜腹杆与整体节点的连接方式由传统的插入式改为对接式，降低了二次效应，节约了钢材，也便于施工架设。钢桁加劲梁采用全回转桥面吊机安装，桥面吊机从两岸主塔向跨中架设，为减小钢桁梁施工过程中的应力，采用了带铰逐次刚接法。为了改善主梁的抗风性能，采用了气动翼板与桥面板中间开槽相结合的抗风措施，在钢桁加劲梁中部80个节间范围内安装了气动翼板，气动翼板采用了新型材料——特种工程塑料PPS（聚苯硫醚）蒙皮。

2016年5月19日下午5时30分许，一场罕见的强风、强降雨、冰雹灾害天气袭击了坝陵河大桥，导致坝陵河大桥通信光缆、管线、照明灯杆、气动翼板的断裂破坏。实况监测数据显示，瞬时极大风速达到34.4m/s，风力等级为12级飓风，远远超过了设计基准风速的25.9m/s。灾后评估显示，这场强风除了造成大桥附属设施的损坏以外，并未对大桥的结构安全产生影响，彰显了坝陵河大桥的建设水平。

▶▶ 坝陵河大桥施工图与实景图

PART TWO

第二篇 悬索桥

6 湖北四渡河大桥
The Siduhe Bridge in Hubei Province

四渡河大桥位于湖北省恩施土家族苗族自治州巴东县境内，是 G50 上海至重庆高速公路上的一座大桥。该桥于 2004 年 8 月 20 日开工，2009 年 11 月 30 日建成通车。

四渡河大桥是一座主跨 900m 的钢桁架加劲梁悬索桥，跨越四渡河峡谷，桥面与谷底高差 560m。大桥索塔采用钢筋混凝土双柱式门形框架结构，由基础、塔座、塔柱和横梁（上横梁、中横梁）组成，宜昌岸塔高 113.6m，恩施岸塔高 118.2m。主缆跨径布置为（114+900+208）m，垂跨比为 1/10，由东锚跨、东边跨、中跨、西边跨和西锚跨 5 跨组成。中跨沿顺桥向设有间距为 12.8m 的 69 个吊点，跨中吊点布置中央扣，其余 68 个吊点设顺桥向间距 0.44m 的平行高强钢丝双吊索，全桥共设吊索 272 根。加劲钢桁梁由主桁架、上下平联、横向桁架组成。主桁架采用华伦式，桁高 6.5m，桁宽 26.0m，小节间长度 6.4m，大节间长度 12.8m。钢桁架采用整体节点技术，将弦杆连同一个或两个节点在工厂焊接成整体，现场用高强螺栓连接成桁架。加劲梁两端在上、下弦杆两侧均设置抗风支座，在跨中设置中央扣，同时，将中央分隔带封闭且沿桥跨方向设置一道 T 形稳定板以提高抗风稳定性。宜昌岸采用隧道式锚碇，恩施岸采用重力式锚碇。

四渡河大桥设计荷载等级为汽车-超 20 级和挂车-120，设计行车

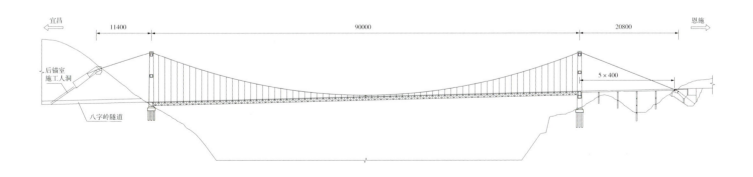

▲ 四渡河大桥立面布置图（尺寸单位：cm）

中国公路峡谷大桥 CHINA HIGHWAY CANYON BRIDGES

▲ 四渡河大桥实景图一

PART TWO
第 二 篇 悬 索 桥

速度 80km/h，桥面净宽 24.5m，双向四车道。

四渡河大桥的桥址区地形起伏巨大，施工场地狭小、运输条件困难，使大桥的建造面临众多挑战。在结构构造和施工方面主要有如下特点：① 宜昌岸隧道式锚碇单缆拉力 2 万吨，为我国当时最大规模的悬索桥隧道锚之一，且隧道锚位于分岔式公路隧道上方，与公路隧道的最小距离 23m，相互影响复杂。② 主缆跨中设置刚性中央扣，属国内首例，与常规设置纵向阻尼器相比，既有效提高了桥梁纵向刚度及抗风稳定性、改善了结构受力特性，又减少了后期维护工作量。③ 采用创新可更换式锚碇锚固系统。④ 首次采用火箭抛送先导索进行主缆施工，开创了国内乃至世界桥梁建造史上的先河。

▶ 四渡河大桥实景图二

7 湖南张花高速公路澧水大桥
The Lishui Bridge of the Zhang-Hua Expressway in Hunan Province

张花高速公路澧水大桥位于湖南省张家界永定区与湘西自治州永顺县的交界处，横跨澧水河峡谷，是S10张家界至花垣高速公路上的一座大桥，也是湖南高速公路中第二座特大悬索桥，仅次于矮寨大桥。该桥于2010年3月正式施工，2013年建成通车。

桥址区位于澧水河峡谷两侧，谷顶宽约420m，谷底宽约50m，桥面与谷底高差达400m左右，地质结构复杂。桥址区存在较强的峡谷风，桥梁受风的"峡管效应"影响较大，主桥结构在低风速下极易产生振动，对桥梁的设计和施工均提出了很大的挑战。

澧水大桥为单跨856m的钢桁梁悬索桥，全长1246m。大桥索塔为钢筋混凝土双柱式门形框架结构，张家界岸高137.5m，花垣岸高123.2m。主缆布置为（200+856+190）m，垂跨比为1/10，两根主缆横向间距在张家界岸边跨及主跨均为28m；在花垣岸为了满足路线变化要求，横向间距由28m变化为38m，在平面上呈八字形。全桥采用69对钢丝绳吊索，吊索标准间距为12.0m，端吊索至索塔的距离为20m。钢桁加劲梁全长为854m，桁高6.5m，桁宽28.0m，节间长度6.0m，在桥塔下横梁处设竖向支座及横向抗风支座，跨中设柔性中央扣。主

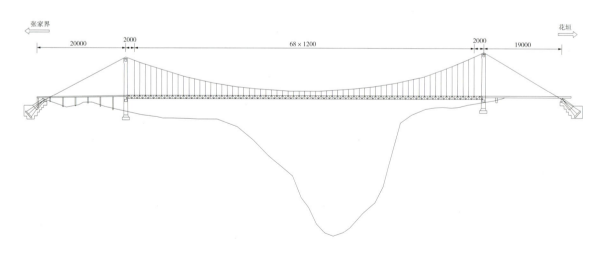

▲ 澧水大桥立面布置图（尺寸单位：cm）

PART TWO
第二篇 悬索桥

桥选用了 RBQF-1280 型单元式多向变位桥梁伸缩缝装置。为充分利用地形，大桥两岸均采用重力式锚碇，将散索鞍设计成台阶形嵌岩体系，单个锚碇混凝土约 5 万立方米。澧水大桥设计荷载等级为公路-Ⅰ级，设计行车速度为 80km/h，设计地震基本烈度为Ⅵ度。桥面全宽 28m，双向四车道。

澧水大桥的施工技术有如下特点：① 横梁施工采用"高塔大横梁无支架施工法"，为国内首创。② 主缆施工过程中采用火箭抛送先导索过谷，是湖南高速公路建设史上第一个、国内第二个采用火箭抛送先导技术的桥梁，也是首次在雨雾等复杂条件下成功运用火箭抛送技术的成功案例。从先导索抛送到猫道施工完成，总共用时 33 天，创下单日完成 6 根猫道承重绳架设的施工纪录，并刷新了国内猫道施工最快速度。③ 在锚碇施工中，首次在国内采用大型冷水机温控技术。此外，在锚碇后浇段施工中，采用一次性"免拆模板快易收口网"，有效缩短了建设工期，节约了工程造价。

澧水大桥经过张家界茅岩河九天洞 AAAA 级风景区，桥型设计融入了民族文化元素，具有极高的观赏价值。

▲ 澧水大桥实景图

8 云南虎跳峡金沙江大桥
The Jinshajiang Bridge crossing the Hutiao Gorge in Yunnan Province

虎跳峡金沙江大桥位于云南省迪庆藏族自治州虎跳峡景区内，在虎跳峡上游跨越金沙江，是 G0613 北京至西藏高速公路西宁至丽江联络线云南境内丽江至香格里拉段上的一座大桥，是丽香高速公路的控制性工程。该桥于 2014 年 12 月开工建设，目前仍在施工当中。

桥址区位于虎跳峡景区内，为金沙江高原峡谷，各类生态保护区、风景名胜区密集分布。桥位处河谷深切，山势陡峭，属于构造剥蚀高中山峡谷地貌，河面宽 100～220m，无通航条件。河流与山脉的伸展方向与构造线方向基本一致，河谷切面呈 V 形，阶地一般不发育，自然横坡 30°～60°，局部陡峭。桥址区最高峰体海拔高程 3736.1m，在桥轴线上最低高程（河床）1804.7m，最大高差 630.20m，桥面距江面 260m。

虎跳峡金沙江大桥为主跨 766m 的独塔单跨地锚式钢桁梁悬索桥，丽江岸引桥为 6×41.0m 预应力混凝土箱梁桥，大桥全长 1017m。桥址区地势险峻，仅在丽江岸设置了索塔，且上下游塔柱采用不等高的形式，左侧塔柱高 134.5m，右侧塔柱高 149.5m。索塔为钢筋混

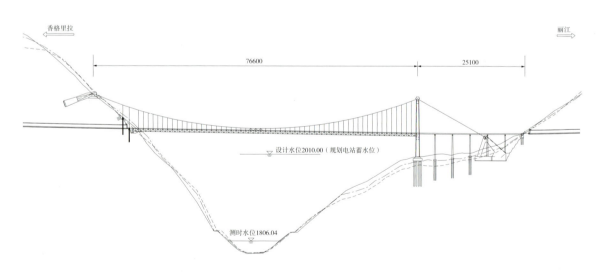

▲ **虎跳峡金沙江大桥立面布置图**（尺寸单位：cm；高程单位：m）

▲ 虎跳峡金沙江大桥效果图一

凝土双柱式门形框架结构，索塔处地面坡度达 54°。大桥主缆布置为（766+160）m，垂跨比为 1/10，两根主缆横向中心间距为 24.5m，采用预制平行钢丝索股。每根主缆设通长索股 91 股，丽江侧边跨另设 2 根背索。索夹内主缆直径为 637.2mm（中跨）和 644.17mm（丽江岸边跨）；索夹外主缆直径为 645.02mm（中跨）和 652.07mm（丽江岸边跨）。香格里拉岸设置了长达 107m 的主缆无悬吊区，并采用了能同时起到转索和散索功能的滚轴式复合散索鞍。吊索顺桥向标准间距为 11.5m，主跨钢桁梁节段划分为（13.5 +57×11.5+13.5）m，钢桁梁高 6.615m、宽 26m。丽江岸采用扩大基础重力式锚碇，香格里拉岸无主塔，采用隧道锚。

虎跳峡金沙江大桥设计荷载等级为公路 - Ⅰ级，设计行车速度为 80km/h，设计基准风速 26.9m/s，设计地震基本烈度为Ⅷ度。桥梁的最大纵坡为 1.5%，桥面横坡为双向 2.0%，桥面全宽 24.5m，双向四车道。

虎跳峡金沙江大桥创新性地采用了独塔单跨地锚式悬索桥结构，766m 跨径是世界上该类结构形式的最大跨径，滚轴式复合散索鞍结构在国内外大跨悬索桥上也是首次采用。

▲ 虎跳峡金沙江大桥效果图二

PART TWO
第二篇 悬索桥

9 重庆笋溪河大桥
The Sunxihe Bridge in Chongqing Municipality

笋溪河大桥位于重庆市江津区，跨越笋溪河，是重庆江津至贵州习水高速公路上的一座大桥。该桥于2014年9月开工，目前仍在建设中。

桥位区属构造剥蚀低山地貌。笋溪河河沟宽15～25m，纵坡降1.6%，河谷岸坡不对称，切割深度约200m。西岸斜坡坡度约30°～50°，局部为陡崖；东岸斜坡坡度6°～30°，局部存在砂岩陡坎。

笋溪河大桥主桥采用单跨660m简支钢桁加劲梁悬索桥，主缆跨径布置为（215+660+268）m，垂跨比为1/10，桥梁高度280m。从江津岸至习水岸全桥孔跨布置为：7×40m（T梁）+660m（悬索桥）+2×90m（T构）+11×40m（T梁），桥梁全长1578.0m。主塔采用钢筋混凝土门形框架结构。江津岸左侧塔柱高139.65m，右侧塔柱高129.65m，承台尺寸为18m×20.8m×6.0m，每个承台布置9根直径为

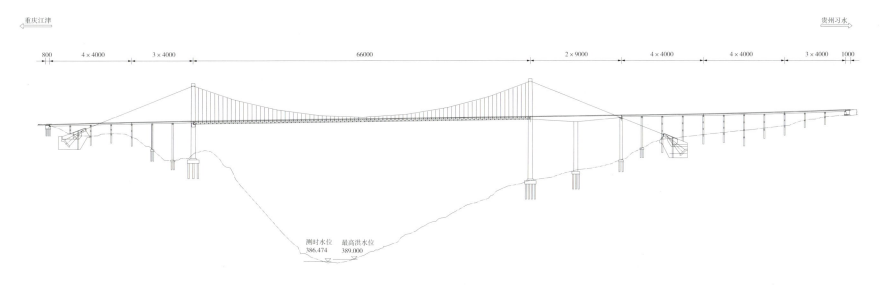

▲ **笋溪河大桥立面布置图**（尺寸单位：cm；高程单位：m）

中国公路峡谷大桥 CHINA HIGHWAY CANYON BRIDGES

PART TWO

第二篇　悬索桥

2.8m 钻孔桩基础。习水岸左右塔柱均高 190.65m，承台尺寸为 20m×22.4m×6.0m，每个承台布置 12 根直径为 2.5m 钻孔桩基础。两根主缆横向中心距为 28.0m，每根主缆由 106 束 91 根 ϕ5.1mm 的高强钢丝组成，外径为 560mm。主桁采用带竖杆的华伦式桁架，桁高 5.5m，节间长 4.0m，两片主桁间距为 28.0m。主桁通过吊索与主缆相连，吊索标准间距为 8.0m。弦杆、斜杆和竖杆均采用制造简单、拼装方便的 H 形截面。横梁为桁架结构，高 5.5m，节间长度 4.0m，沿纵向每 8.0m 设一道。横梁桁架的上、下弦杆分段制造，各杆件间采用高强螺栓连接。为加强抗风稳定性，在主桁横梁上弦中心处设置抗风稳定板，板高 1000mm，厚度 16mm。索夹采用销接式，选用上、下两半对合的形式。两岸均采用嵌岩重力式锚碇，锚碇基础利用中风化岩层作为其持力层。江津岸侧锚碇长 60.7m，宽 43m；习水岸锚碇长 54.0m，宽 43m。

笋溪河大桥设计荷载等级为公路-Ⅰ级，设计行车速度为 80km/h，设计基准风速为 29.3m/s，设计地震基本烈度为Ⅶ度。主桥纵坡为 1.35% 的单向纵坡，桥面横坡为双向 2.0%，桥面全宽 22m，双向四车道。

◀ 笋溪河大桥效果图

10 贵州镇胜高速公路北盘江大桥
The Beipanjiang Bridge of the Zhen-Sheng Expressway in Guizhou Province

镇胜高速公路北盘江大桥位于贵州省黔西南州晴隆县境内，是 G60 上海至昆明高速公路贵州境内镇宁至胜境关段上的一座大桥。该桥于 2005 年 10 月开工，2008 年 11 月竣工，历时 3 年零 1 个月。

桥址区位于黔西南州晴隆县的北盘江大峡谷上，两岸地形陡峻，高程变化从 +572.2～+893.1m，是典型的 V 形峡谷，桥面至水面相对高差达 320m。

镇胜高速公路北盘江大桥为主跨 636m 的单跨钢桁加劲梁悬索桥，东岸引桥为 4×45m 简支 T 梁，西岸引桥为 3×45m 连续预应力箱梁，大桥全长 1020m。大桥索塔为钢筋混凝土双柱式门形框架结构，为便于承台施工，根据实际地形地质情况，主塔两塔柱采用不等高的形式。镇宁岸左侧塔柱高 147.5m，右侧塔柱高 159.5m，塔柱之间设 3 道横梁；胜境关岸左侧塔柱高 126.5m，右侧塔柱高 120.5m，塔柱之间设 2 道

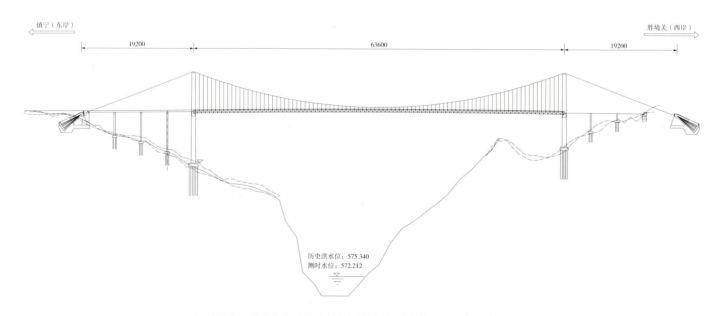

▲ 镇胜高速公路北盘江大桥立面布置图（尺寸单位：cm；高程单位：m）

▲ 镇胜高速公路北盘江大桥实景图

横梁。主缆布置为（192+636+192）m，垂跨比为1/10.5，两根主缆横向中心间距为28m，采用预制平行钢丝束股，每根主缆由91束高强钢丝组成，束股挤紧后外径为518.9mm。钢桁加劲梁的主桁采用带竖杆的华伦式桁架，桁高5.0m，节间长3.5m，纵向两片主桁间距与主缆间距相同，为28.0m。横梁为桁架式结构，纵向7.0m设一道，横梁与主桁等高，为5.0m，节间长度3.5m。考虑运输条件的限制，横梁桁架的上、下弦杆分段制造，各杆件间采用高强螺栓连接。为加强主桁在横向风力等荷载作用下的整体稳定性，在主桁上、下弦设置上、下平面纵向连接系。吊索纵向标准间距7.0m，每一吊点设置一根吊索，吊索为挤包护层扭绞型拉索。两岸索塔承台各布置6根直径为2.8m钻孔桩；两岸锚碇均采用 U 形嵌岩重力式锚碇，基础利用中风化岩层作为基础持力层。镇宁岸锚碇长 52.76m，宽 41m；胜境关岸锚碇长 49.13m，宽 41m。

镇胜高速公路北盘江大桥设计荷载等级为公路 - Ⅰ 级，设计行车速度 80km/h，桥面净宽 24.5m，双向四车道。

在设计和施工方面，该桥有如下工程技术特点：① 为解决钢桁梁架设过程中相邻节段变形差问题，在 17 个节段钢桁梁吊装上桥后即将上弦刚接，剩余节段在吊装就位后即与相邻节段的上弦刚接，下弦留待梁段线形吻合后再行连接。钢桁梁吊装顺序由跨中向两塔对称吊装。② 主塔处地面横坡较陡，设计根据实际地形地质情况，因地制宜，主塔两塔柱采用不等高的形式。③ 国内外钢桁梁桥面系的设置主要采用断开方式，其优点是桥面系与钢桁梁结构的变形相对独立；缺点是行车平顺性较差。本桥在设计过程中对桥面板在纵、横、竖向与钢桁梁的变形协调性进行了分析，根据分析结果，本桥桥面系采用了全桥通长连续的方式。④ 加劲梁采用了在桁架中间设稳定板的措施，以确保结构的抗风安全。

▶▶ **镇胜高速公路北盘江大桥施工图与实景图**

PART TWO
第二篇　悬索桥

11　云南普立大桥
The Puli Bridge in Yunnan Province

普立大桥位于云南省宣威市境内，跨越普立大沟，是 G56 杭州至瑞丽高速公路云南境内普立至宣威段上的一座大桥，也是云南省"9210"干线公路骨架网的联络线之一，为普宣高速公路的控制性工程之一。该桥于 2016 年 10 月建成。

桥址区位于构造剥蚀、侵蚀深切峡谷地貌单元区，沟谷狭窄，两侧谷坡陡峭，地形坡度大，呈 V 形谷。普立侧岸坡地形向普立大沟方向倾斜，地形高程 1750～1770m，地形坡度为 20°～25°。普立岸自然斜坡总体呈上缓下陡，坡顶地形高程为 1983.5m，谷底地形高程为 1430.0m，相对高差约 553.5m。宣威侧地形为一向北东伸出的山脊，两侧为近于垂直沟轴线发育的山，山脊顶部为呈台状

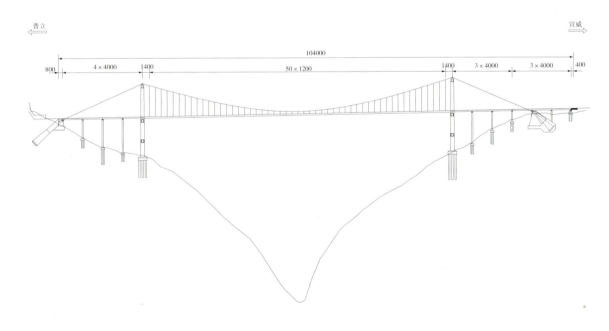

▲ 普立大桥立面布置图（尺寸单位：cm）

▲ 普立大桥施工图

PART TWO

第二篇 悬索桥

的耕地，地形相对平缓，地形总体向普立大沟轴线方向倾斜。谷顶高程为1922.60m，相对高差约为492.60m。桥位穿越段普立大沟谷底宽15～20m，顺沟向沟底坡降大，且多处存在高5～20m不等的跌坎，谷底坡降为5%～10%。普立大桥桥面与谷底的高差约为400m。

普立大桥为主跨628m的单跨简支钢箱加劲梁悬索桥，普立岸引桥为4×40m装配式预应力混凝土连续T梁，宣威岸引桥为（3×40+3×40）m装配式预应力混凝土连续T梁，大桥全长1040m。大桥索塔采用钢筋混凝土门形框架结构。索塔左右塔柱采用不等高的形式，两岸索塔左右塔柱总高度分别为156.5m、141.5m。主缆布置为（166+628+166）m，垂跨比为1/10，两根主缆横向中心间距为26m，索夹内直径为512.5mm，索夹外直径为518.9mm。每根主缆由91根通长索股组成，边跨不设背索。加劲梁采用扁平流线型单箱单室钢箱梁结构，钢箱梁总长626.7m，全宽28.5m，桥轴线处净高3.0m，顶面设有2%双向横坡。钢箱梁设计为正交异性钢桥面板，桥面板厚为16mm，底板与上斜板厚为10mm，索塔区段底板局部加厚至16mm。全桥共设2对竖向支座、2对横向抗风支座及2对纵向阻尼器。竖向支座、抗风支座及阻尼器沿桥轴线方向分别设置于索塔中横梁上。吊索纵向间距12m，每一吊点设置两根吊索，吊索为挤包护层扭绞型拉索。宣威岸锚碇采用嵌岩重力式，锚座基础利用中风化灰岩作为基础持力层，锚碇长56.7m，宽41m，倾角43.5°；普立岸锚碇采用隧道式，锚塞体长35m，倾角42°。

普立大桥设计荷载等级为公路-Ⅰ级，设计行车速度为80km/h，设计基准风速26.3m/s，设计地震基本烈度为Ⅶ度。桥梁的最大纵坡为1.65%，桥面横坡为双向2.0%，桥面全宽28.5m，双向四车道。

▼ 普立大桥实景图

12 贵州抵母河大桥
The Dimuhe Bridge in Guizhou Province

抵母河大桥位于贵州省水城县境内，跨越抵母河峡谷，是G56杭州至瑞丽高速公路贵州境内毕节至都格段上的一座大桥。该桥于2012年9月开工，2015年12月建成通车。

桥址区地处贵州高原西部山地河谷区，跨越长江流域一级支流乌江水系抵母河（下游称三岔河，为乌江上游主干河流）。桥位下游2km处建有金狮子电站，蓄水后正常水位为1440m，500年一遇洪水位为1442.5m，河面宽130m。桥址区属溶蚀——侵蚀中山U形峡谷地貌，两岸为陡崖及陡斜坡，峡谷外两岸台地峰谷发育、地形条件差，大部分基岩裸露。河谷底高程约1410.52m，河谷底宽约86m，坡口台地最高1858.6m（都格岸），坡口谷宽320m，相对高差448.08m，桥面距离水面约360m。两岸只有通村小路，交通条件较差。

抵母河大桥为主跨538m的单跨钢桁梁悬索桥，桥梁全长881.5m。结合不对称的U形峡谷地形，大桥两岸索塔采用高低塔设计，为钢筋混凝土双柱式门形框架结构，毕节岸塔高147.00m，塔柱间设3道横梁、1道地系梁；都格岸塔高63.35m，塔柱间设1道横梁、1道地系梁。两岸主塔刚度差异大，矮塔受力非常不利，

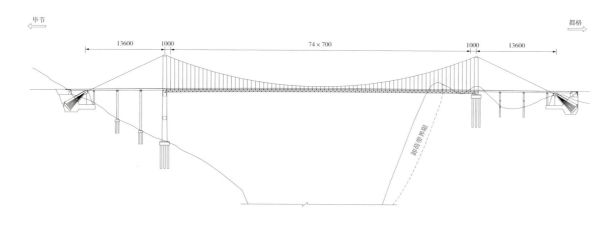

▲ 抵母河大桥立面布置图（尺寸单位：cm）

PART TWO

第 二 篇　悬 索 桥

▲ 抵母河大桥实景图

设计通过调整两岸主塔的结构尺寸以控制主塔的刚度，确保两岸主塔受力安全。主缆布置为（136+538+136）m，垂跨比为1/10，两根主缆横向中心间距27m，采用预制平行钢丝束股，每根主缆由89根通长索股组成。钢桁加劲梁的主桁采用带竖杆的华伦式桁架，桁高4.5m，节间长3.5m，纵向两片主桁间距与主缆间距相同，为27.0m。主桁弦杆、斜杆和竖杆均采用制造简单、拼装方便的H形截面。横梁为桁架式结构，与主桁等高，为4.5m，纵向每7.0m设一道。横梁上弦杆为便于与横梁腹杆及上平联连接采用箱形截面，横梁其余杆件均为H形截面。吊索纵向间距7.0m，每一吊点设置一根吊索，吊索为挤包护层扭绞型拉索。两岸锚碇均采用嵌岩重力式锚碇，锚座基础利用中风化岩层作为基础持力层，两岸的锚碇均长54.02m，宽40m。

抵母河大桥设计荷载等级为公路-Ⅰ级，设计基准期100年，设计行车速度为80km/h，桥面全宽33.5m，双向四车道，设计基准风速为34.8m/s，抗震设防烈度Ⅶ度。

在施工方面，受场地限制，钢桁梁节段仅能在一岸拼装和起吊。为此专门研发了空中旋转吊具，并将缆吊设置在索塔内侧。对岸的钢桁梁段节段吊装时，利用空中旋转吊具实现梁段水平旋转90°，避开吊索干扰后下放梁段进行安装。钢桥面板采用单侧缆索吊分幅进行安装。该吊装方法最大限度地利用了一岸的拼装场地，加快了施工进度。

▲ 抵母河大桥施工图

PART TWO
第二篇　悬索桥

13　贵州关兴公路北盘江大桥
The Beipanjiang Bridge of the Guan-Xing Highway in Guizhou Province

关兴公路北盘江大桥位于贵州省黔西南州境内，是镇兴公路关岭至兴义段的控制性工程。

桥址区位于北盘江峡谷地带，地貌上属岩溶峰丛及河流侵蚀区，地形起伏大，高程变化从 +420m ～ +880m，相对高差达 460m。桥址区呈现多级平台的复合式 U 形峡谷，基岩裸露，地表风化，形成多种岩溶地貌。

关兴公路北盘江大桥为主跨 388m 的简支预应力混凝土板梁悬索桥，桥面距常水位 460m。大桥索塔为钢筋混凝土双柱式门形框架结构，塔柱采用 2.5m×3m 的实心矩形截面，横梁按预应力构件设计。主缆布置为（103+388+103）m，垂跨比为 1/9，每根主缆由 91 束平行钢丝组成，成缆后外径为 425mm。加劲梁为哑铃形板式断面，板中间高 0.56m，边高 0.45m，两边实体高 0.95m。主梁采用分段预制吊装施工，预制节段长 4.4m，就位后现浇 0.6m 的湿接缝，节段吊装质量 96t。考虑主梁的吊装与架设，吊索间距采用 5.0m，每个吊点设一根吊索，为扭绞型挤包护层拉索，两端装以冷铸锚。索夹采用左右对称的两铸钢件，两端伸出两耳板与吊索耳板销接，左右两半索夹通过高强螺栓紧固于主缆上。由于大桥位于构造及岩溶发育带，且受节理裂隙发育等地质环境的影响，因此两岸均采用重力式锚碇。

关兴公路北盘江大桥设计荷载等级为汽车 - 超 20 级和挂车 -120，路线等级为山岭重丘区二级公路标准，设计行车速度为 40km/h，桥面行车道净宽 11.0m，设计基准风速为 23.4m/s。

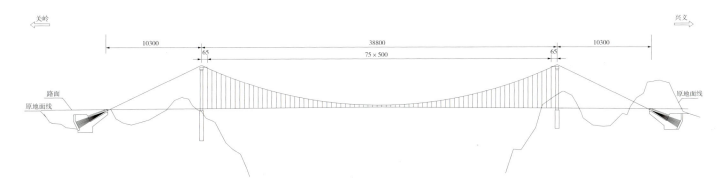

▲ 关兴公路北盘江大桥立面布置图（尺寸单位：cm）

中国公路峡谷大桥 CHINA HIGHWAY CANYON BRIDGES

PART TWO

第 二 篇　悬索桥

▶▶ 关兴公路北盘江大桥实景图

14 贵州西溪大桥
The Xixi Bridge in Guizhou Province

西溪大桥位于贵州省毕节市黔西县境内，隶属贵阳至毕节公路黔西至大方段区间，是原交通部在 20 世纪 90 年代重点建设的"两纵两横三个重要路段"中西南出海公路的重要辅助通道，也是贵州省"一纵二横四联线"骨架公路的组成部分。

桥址区位于"黔中隆起"分布区北西边缘，沉积盖层发育不全区域。区内厚碳酸盐岩分布，节理裂隙特别是大型张裂及溶蚀极为发育。受西溪深切影响，河谷谷坡地势险要。西溪大桥桥面距离水面 298.7m。

西溪大桥为主跨 338m 的简支悬索桥，贵阳岸引桥位 (4×30+20) m 简支 T 梁，大桥全长 478m。大桥索塔为钢筋混凝土双柱式门形框架结构，塔柱采用 2.4m×2.5m 的实心矩形截面，高 41.6m，上横梁按预应力混凝土构件设计，采用 2.3m×2.0m 的箱形截面。主缆布置为 (141+338+114) m，垂跨比为 1/9，两根主缆横向中心间距为 12m，主缆直径 359mm，由 65 根索股组成。加劲梁采用薄板型预应力混凝土结构，梁板中部高 0.6m，两侧边高 0.4m，吊索锚固区局部加厚值 0.6m，梁底部采用 $R=196.975m$ 的圆弧面。主梁按部分预应力 A 类构件设计，施加双向预应力，分段预制吊装施工，预制节段长 4.5m，吊

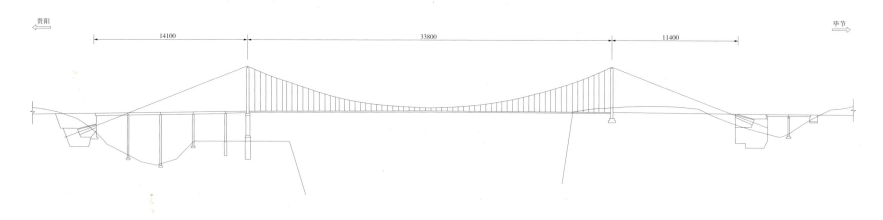

▲ 西溪大桥立面布置图（尺寸单位：cm）

PART TWO
第二篇 悬索桥

装就位后现浇 0.5m 的湿接头。吊索间距采用 5.0m，每个吊点设一根吊索，为扭绞型挤包护层拉索，两端装以冷铸锚。索夹采用左右对称的两铸钢件，其下端伸出两耳板与吊索销接，索夹两半通过高强螺栓紧固于主缆上。由于大桥位于构造及岩溶发育带，节理裂隙发育，故两岸均采用重力式嵌岩锚碇，明挖施工。

西溪大桥设计荷载等级为汽车-超20级和挂车-120，路线等级为山岭重丘区二级公路标准，设计行车速度为60km/h，桥面行车道净宽12.0m，总宽度12.8m，设计基准风速为26.3m/s。

◀ 西溪大桥实景图

15 贵州阿志河大桥
The Azhihe Bridge in Guizhou Province

阿志河大桥位于贵州省六盘水市六枝特区境内，为镇宁（黄果树）至水城高等级公路的控制性工程。

桥址区地处北盘江左岸一级支流阿志河峡谷，属于岩溶中山——侵蚀地貌。阿志河河谷深切，呈典型的 U 字形，谷底高程 731m，坡顶高程 1550m 左右，高差达 800m 以上。桥址区总体山势与岩层走向大体一致，地形起伏较大。镇宁岸地形横坡起伏较大，坡角 45°～75°，纵坡很陡，坡角为 75°～85°，部分地段达 90°；水城岸地形相对较缓，横坡坡角 20°～30°，纵坡较陡，为 70°～80°。阿志河大桥桥面距离河谷最大高差 247m。

阿志河大桥为主跨 283m 的单跨双铰悬索桥，水城岸引桥为 4×30m 简支 T 梁，大桥全长 403m。大桥索塔为钢筋混凝土双柱式门形框架结构，上塔柱采用 2.0m×2.5m 的实心矩形截面，高 35.55m；下塔柱采用 2.5m×3m 的实心矩形截面，横梁按预应力构件设计。主缆布置为（75+283+90）m，垂跨比为 1/9，每根主缆由 57 束平行钢丝组成。加劲梁采用预应力混凝土板式结构，板中间厚 0.6m，两边厚为 0.4m，吊索处加厚至 0.6m，板宽 13.3m，吊索处加宽至 15m，两吊点处横向宽度为 14m。梁体采用分段预制吊装施工，预制节段长 4.5m，就位后现浇 0.5m 的湿接缝。吊索间距为 5.0m，

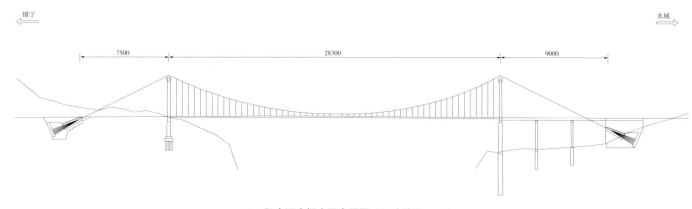

▲ **阿志河大桥立面布置图**（尺寸单位：cm）

PART TWO

第 二 篇 悬索桥

▲ 阿志河大桥实景图一

边吊索距主塔中心线6.5m，每个吊点设一根吊索，为扭绞型挤包护层拉索，两端铸以冷铸锚，上端靠耳板与索夹连接，下端靠大螺母锚固于加劲梁上。由于大桥位于岩溶发育带，节理裂隙发育，故两岸锚碇均采用浅埋重力式锚碇，基底根据钻探资料置于中风化层上，采用明挖施工。

阿志河大桥设计荷载等级为汽车-超20级和挂车-120，路线等级为山岭重丘区二级公路标准，设计行车速度为40km/h，桥面行车道净宽9.0m，总宽度13.3m，桥面设置双向1.5%横坡，设计基准风速为22.974m/s。

▲ 阿志河大桥实景图二

PART TWO
第二篇 悬索桥

16 贵州落脚河大桥
The Luojiaohe Bridge in Guizhou Province

落脚河大桥位于贵州省毕节市大方县，雄跨于"绿水大峡谷、水西第一漂"的法寨河大峡谷之上，是贵阳至毕节高等级公路上的一座大桥。该桥于1999年4月2日开工，2001年4月28日完工。

落脚河大桥为单跨278m的混凝土悬索桥，缆索跨径布置为（86+278+86）m，矢跨比1/9，桥面至水面高差250m。主缆由54束61丝 ϕ5.0mm（镀锌后为 ϕ5.1mm）的镀锌平行钢丝组成，用热铸锚与锚碇锚杆连接。吊索由73丝 ϕ5.0mm（镀锌后为 ϕ5.1mm）的镀锌平行钢丝组成。加劲板梁采用C50预应力钢筋混凝土，横向采用15束5-7 ϕ5mm低松弛预应力钢绞线，扁形锚具，全桥共计30束12-7 ϕ5mm低松弛预应力钢绞线。索塔为梯形门式结构，塔柱采用2m×2.5m实心截面。两岸均采用重力式嵌岩锚碇。大桥主梁为简支形式，贵阳岸为固定支座，毕节岸为活动支座，两岸无边跨梁，与路基连接采用搭板相连。

落脚河大桥设计荷载等级为汽车-20级，挂车-120，采用双车道设计。主梁弯扭耦合颤振临界风速为60.6m/s；分流扭转颤振临界风速为58.0m/s。桥面设1.5%的双向横坡，纵向设半径14000m的竖曲线，矢距0.7m，桥面全宽12.8m。

本桥荣获2004年度贵州省优质施工工程奖。

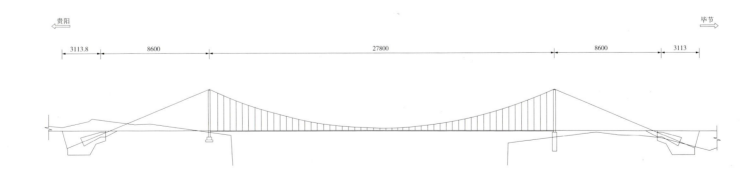

▲ 落脚河大桥立面布置图（尺寸单位：cm）

▲ 落脚河大桥实景图

PART TWO
第二篇　悬索桥

17　西藏通麦大桥
The Tongmai Bridge in Tibet Autonomous Region

通麦大桥是川藏公路（318国道西藏境内）通麦至105道班段整治改建工程上的一座大桥，跨越易贡藏布江，位于易贡湖下游14km，易贡藏布江与帕隆藏布江交汇处上游约300m。

桥址区属于高山河谷地貌类型，河谷两岸为河流阶地、山麓及高山，河谷两岸植被发育。河道宽约230m，断面上呈U形。桥位轴线地面高程介于2024.07～2094.73m，相对高差达70.66m。桥址区地质构造较复杂，处于白垒西麓断裂带及嘉黎深断裂带主干断层交汇点的北侧，在其交汇的部位常发生5～6级地震。

通麦大桥为主跨256m单塔单跨钢桁架悬索桥，桥梁高度75m。大桥索塔采用钢筋混凝土双柱式门形框架结构，高59.5m。主缆跨径布置为（82+256）m，垂跨比为1/17，两根主缆横向间距为15.0m，每根主缆由37束索股组成。吊索采用镀锌钢丝束，上接头采用销铰与主缆索夹连接，下接头采用螺母和垫板锚固于加劲梁下弦杆外节点板上的锚箱内。钢桁加劲梁由两榀桁架、横联、上平联、下平联组成。主桁架采用华伦式桁架，高4.0m，两榀桁架间距为13.0m，节间长度5m。上下平联采用K形横撑体系。桥面板采用实

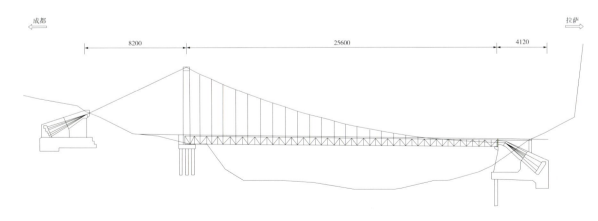

▲ 通麦大桥立面布置图（尺寸单位：cm）

心钢筋混凝土预制板形成，板宽 2.0m，长 5.0m，板厚 24cm，端部加厚到 30cm，横桥向布置 6 块板。为了减小行车道对钢桁架的冲击作用，行车道板下设置 2.8cm 厚板式橡胶支座。两岸锚碇均采用重力式地锚，成都岸锚碇处于山体斜坡地带；拉萨岸锚碇设置在崩塌体前缘，靠近河心侧，兼作为桥台。主缆经过塔顶主索鞍后进入成都岸锚碇前锚室，再经过散索鞍后进入拉萨岸锚碇前锚室。大桥纵桥向为飘浮体系，加劲梁与塔之间设置竖向支座，纵向滑动；加劲梁与主塔之间设置纵向阻尼器，横向设置抗风支座。

通麦大桥设计荷载等级为公路-Ⅱ级，设计行车速度为 40km/h，桥面全宽 12.0m，设计基本地震动峰值加速度 0.25g，设计基准风速 29.7m/s。

▼ **通麦大桥实景图**

PART THREE

第三篇
斜拉桥

CHINA HIGHWAY CANYON BRIDGES

CHINA HIGHWAY
CANYON
BRIDGES

中 国 公 路 峡 谷 大 桥

PART THREE

第三篇　斜拉桥

1 贵州鸭池河大桥
The Yachihe Bridge in Guizhou Province

鸭池河大桥位于贵州省贵阳和毕节两市交界处，跨越鸭池河大峡谷，是S82贵阳至黔西高速公路上的一座大桥，也是贵阳市市域快速公路体系中"一环、两横、九射线"的控制性工程。该桥于2013年12月正式开工，2016年9月竣工。

桥址区所在的鸭池河为乌江干流的一段，属于长江流域乌江水系。桥址区属于构造侵蚀岩溶中山峡谷地貌，河谷呈U形深切，河岸地势陡峭。桥台位于两岸山体相对平缓的斜坡上，山体自然坡度20°~75°。桥轴线地面高程在842~1283m，相对高差441m。贵阳岸桥台位于北西西向的山体斜坡上，桥台处自然地面坡度为35°~60°；黔西岸桥台位于南南东向的山凹处，坡度约20°~40°。鸭

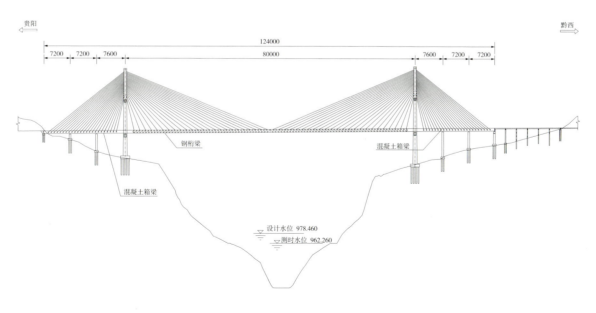

▲ 鸭池河大桥立面布置图（尺寸单位：cm；高程单位：m）

池河大桥桥面距离水面的高度约为258.2m，距离谷底约420m。

鸭池河大桥为主跨800m的双塔双索面半飘浮体系混合梁斜拉桥，桥跨布置为（72＋72＋76＋800＋76＋72＋72）m，边中跨比为0.275，引桥为7×30m的先简支梁后连续T梁，大桥全长1450m。大桥主塔为钢筋混凝土H形结构，贵阳岸塔高243.2m，黔西岸塔高258.2m，索塔沿高度方向设置上、下2道横梁。主梁边跨为预应力混凝土箱形结构、中跨为钢桁梁结构，预应力混凝土箱梁与钢桁梁之间采用钢箱过渡。钢桁梁结构采用N形桁架，横向两片主桁，中心间距为27.0m，桁高8.0m，标准节段长度为16.0m。钢桁梁最大梁段质量240t，总用钢量约1.71万t。混凝土主梁采用等截面预应力混凝土双边箱梁结构，标准梁宽27.7m、梁高8.2m，采用C55高性能混凝土。斜拉索采用镀锌钢绞线，其中最长索达424m，质量达42t。斜拉索在塔端采用钢锚梁的锚固方式，全桥钢锚梁共96套，总质量2150t。钢锚梁通过钢牛腿和索塔连接，单根锚梁最大质量为9.6t，单套钢牛腿最大质量为7.3t。主梁在主塔下横梁、辅助墩处设置多向（双向）球形钢支座；过渡墩处设置一个单向活动支座和一个双向活动支座；索塔处设横向抗风支座。每个塔梁连接处顺桥向安装4套黏滞阻尼器，全桥共8套，在静力作用下不约束塔梁纵向相对变形，在动力作用下对结构响应进行耗能。

鸭池河大桥设计荷载等级为公路- I 级，设计行车速度为80km/h，设计基准风速为25.2m/s，抗震设防烈度为Ⅶ度。桥面全宽24.5m，双向四车道。

鸭池河大桥在建设过程中主要面临三方面挑战：①大桥地处乌蒙山区，雨、雪、雾等恶劣天气年平均天数达到208天，严重影响生产效率的提高。②桥址处于深切峡谷中，瞬时风力可达11级，且场地极为狭窄，给钢桁梁拼装等施工组织带来极大的挑战。施工便道中有8km存在超过17°的陡坡和只有10余米的掉头路段。③钢桁梁采用大节段、长悬臂拼装，最大拼装长度400m，轴线偏差精度高程要控制在10mm以内，施工控制难度大。

鸭池河大桥创新性地采用了塔身钢筋节段整体吊装技术，在塔下进行钢筋预扎，采用大塔吊整体提升，塔上仅将主筋对位后连接直螺纹套筒，将高空施工转变为地面施工，不仅提升了整个工程的安全性，而且缩短了高塔施工工期。在主梁施工过程中，鸭池河大桥采用了

▼ 鸭池河大桥效果图

PART THREE
第三篇 斜拉桥

缆索吊进行主梁安装，主梁在场地内拼装成标准 16m 节段后平移至塔下，采用缆索吊进行吊装，加快了进度，也是对斜拉桥施工工艺的大胆尝试。此外，鸭池河大桥采用了冬季高塔蒸汽养护技术，克服了恶劣气候的影响；在塔身施工中采用了机制砂混凝土高塔泵送、钢绞线斜拉索等新技术和新工艺。从开工建设到大桥成功合龙，仅用 33 个月，为同类型同等环境下桥梁建设的最快速度。

▼▼ 鸭池河大桥施工图及实景图

2 贵州毕都高速公路北盘江大桥
The Beipanjiang Bridge of the Bi-Du Expressway in Guizhou Province

毕都高速公路北盘江大桥位于贵州省六盘水市水城县与云南省宣威市的交界处，是 G56 杭州至瑞丽高速公路贵州境内毕节至都格段上的一座大桥。该桥于 2012 年 12 月正式开工，2016 年 9 月竣工。

桥址区地处云贵两省交界处的北盘江大峡谷，隶属贵州西北部滇东高原向黔中山区丘陵过渡的倾斜地带，地形起伏大，相对高差大。由于地表水强烈的侵蚀作用，北盘江大峡谷多发育为树枝状展布的 V 形谷和 U 形谷。毕都高速公路北盘江大桥桥面距离江面 565m，是目前世界第一高桥。

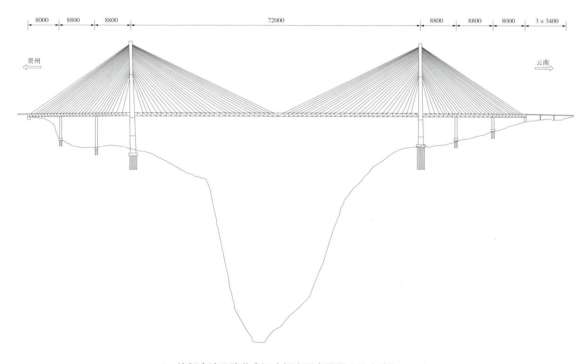

▲ 毕都高速公路北盘江大桥立面布置图（尺寸单位：cm）

PART THREE
第三篇 斜拉桥

毕都高速公路北盘江大桥为主跨720m的七跨连续钢桁梁半飘浮体系斜拉桥，桥跨布置（80+2×88+720+2×88+80）m，边中跨比为0.356，边跨设置2个辅助墩和1个过渡墩，总长1232m。大桥主塔为钢筋混凝土H形框架结构，共设上、下2道横梁，贵州岸主塔塔高269m，云南岸主塔塔高247m。单个塔柱钢锚梁25套，每套钢锚梁锚固1对斜拉索，主塔及墩身混凝土表面采用长效型防腐涂层体系。主梁为钢桁梁结构，主桁架采用普拉特式结构，由上弦杆、下弦杆、竖腹杆和斜腹杆组成，桁高8m，主跨节间长12m，边跨节间长12m和8m，两片主桁中心间距27m，钢桁架节段共计47节段。斜拉索采用镀锌钢绞线，按平面扇形布置，每一索面有28对斜拉索组成，全桥共计112对斜拉索。主梁在主塔下横梁、辅助墩处设置双向球钢支座，过渡墩处设一个单向活动支座和一个双向活动支座，主塔处设置横向抗风支座。在钢桁梁与主塔横梁处顺桥向采用阻尼装置连接，两组共4个，在静力作用下不约束塔梁纵向相对变形，在动力作用下对结构响应进行耗能。

▲ 毕都高速公路北盘江大桥施工图

毕都高速公路北盘江大桥设计荷载等级为公路-I级，设计行车速度为80km/h，设计基准风速为26.03m/s，抗震设防烈度为Ⅶ度。大桥设置1.0%的纵坡，桥面设置双向2.0%的横坡，桥面全宽27.9m，双向四车道。

根据桥址区地形、场地条件及设计要求，毕都高速公路北盘江大桥边跨钢桁梁安装采用了多点分散自动顶推施工工艺，即先把散件运抵预拼装场地，将主桁、主横桁、桥面板拼装成型，并对主桁进行1+1匹配，再转运至桥台前方拼装场地拼装成型后进行顶推施工。中跨钢桁梁运用了桥面吊机悬拼技术对钢桁梁节段进行吊装。这种技术是把钢桁梁节段在地面按照左右纵梁和横梁进行拼接完成后，通过桥面吊机等设备进行吊装。由于钢桁梁均是在地面拼接完成后，再进行吊装，对比其他工艺而言，施工精度更高，具有更多的调整空间，同时安全系数也更高。

中国公路峡谷大桥 CHINA HIGHWAY CANYON BRIDGES

▲ 毕都高速公路北盘江大桥实景图

PART THREE

第三篇　斜拉桥

3 贵州息黔高速公路六广河大桥
The Liuguanghe Bridge of the Xi-Qian Expressway in Guizhou Province

息黔高速公路六广河大桥位于贵州省修文县和黔西县交界处，是 S30 息烽至黔西高速公路的控制性工程。该桥目前仍在施工当中。

桥址区位于长江流域乌江水系的六广河大峡谷，属于低中山侵蚀、溶蚀型河谷。河谷呈 V 形，两岸纵坡较陡，基岩裸露。桥址区内最高海拔 1134.1m，最低海拔 775.5m，相对最大高差 358.6m。六广河大桥桥面距离河谷水面的高度约为 340m。

六广河大桥为主跨 580m 的双塔双索面半飘浮体系叠合梁斜拉桥，跨径布置为（5×40+243+580+243）m，桥梁全长 1280m。大桥主塔为钢筋混凝土塔柱结构，外形为折 H 形，息烽岸高 236m，黔西岸高 248m。每个塔柱设置上、下两道横梁，截面采用矩形，在塔柱与承台间设置单箱三室截面塔墩过渡。主梁采用双工字形钢梁与混凝土板共同受力的叠合梁，工字形钢纵梁、横梁、小纵梁通过节点板及高强螺栓连接形成钢构架。钢构架上设预制桥面板，现浇膨胀混凝土湿接缝，与钢梁上的抗剪栓钉形成叠合梁体系。主梁全宽 27.7m，高 3.37m，

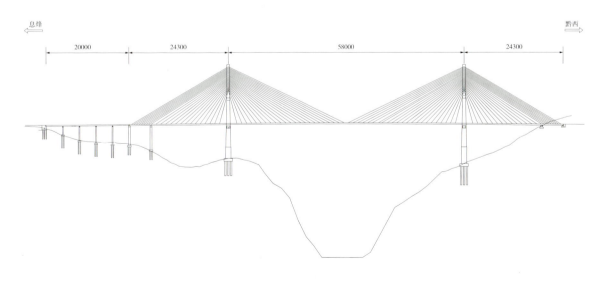

▲ 息黔高速公路六广河大桥立面布置图（尺寸单位：cm）

两工字形钢梁梁肋间距 25.2m，桥面板标准厚 28cm，边跨局部加厚至 45cm，钢梁标准节段长 12m。斜拉索布置为平面双索面、扇形密索体系，每个主塔布有 23 对平面索，斜拉索在中跨梁上的标准索距为 12m，在边跨上的标准索距为 12m 和 8m。斜拉索采用环氧涂层预应力钢绞线。主梁在主塔、过渡墩、辅助墩的纵桥向均设置活动球钢支座；塔梁交界处设横向抗风支座，该支座安装在主塔塔柱内侧壁上，全桥共计 4 个；过渡墩、辅助墩横向均设置抗风防震挡块；主梁与主塔下横梁之间设置纵向阻尼器，全桥共计 4 个。

六广河大桥设计荷载等级为公路 - Ⅰ 级，设计行车速度为 80km/h，设计基准风速为 25.8m/s，抗震设防烈度为 Ⅶ 度。桥面纵坡为 ±1%，全宽 27.7m，双向四车道。

▲ 息黔高速公路六广河大桥施工图

▼ 息黔高速公路六广河大桥效果图

PART THREE

第 三 篇　斜 拉 桥

4　贵州平塘大桥
The Pingtang Bridge in Guizhou Province

平塘大桥位于贵州省黔南州平塘县，是 S62 余庆至安龙高速公路的控制性工程，省道 S312 从桥位北侧 4.5km 处通过。该桥于 2016 年 4 月正式开工，目前仍在施工当中。

桥址区地处黔南山地南部，属构造溶蚀低中山河谷地貌——珠江流域红水河水系一级支流槽渡河河谷。该地貌的显著特点是受构造及岩性控制，槽谷走向与岩性、区域构造走向基本一致。槽渡河河谷为宽度 800～1500m 的 V 形槽谷，地形起伏变化大，海拔介于 595.0～1185.0m，相对高差达 590.0m。槽谷内岩石建造类型以碎屑岩为主，靠近河道右侧为碳酸盐夹碎屑岩，地形多为脊状丘及鸡爪丘，自然坡度多数为 10°～25°的缓坡地形。平塘大桥桥面距离水面的高度为 190m。

平塘大桥为主跨 550m 的四跨叠合梁斜拉桥，跨径布置为 13×40m 预应力混凝土先简支后结构连续 T 梁 +（249.5+2×550+249.5）m 叠合梁斜拉桥，桥梁全长 2135m。大桥主塔均采用钢筋混凝土塔柱结构，外形为钻石形空间塔。主塔桥面以上均为 145.2m，下横梁以下 3 个主塔分别为 174.8m、182.8m 和 152.8m，全高分别为 320m、328m

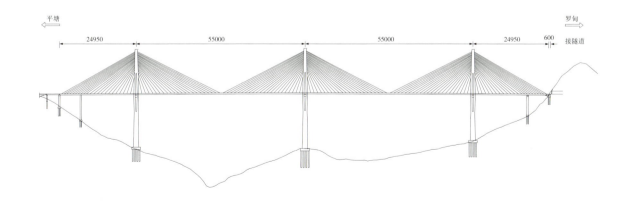

▲　**平塘大桥立面布置图**（尺寸单位：cm）

和298m。每个索塔设置上横梁，截面采用矩形截面，在塔柱与承台间设置单箱三室截面花瓶形塔墩过渡。主梁采用双工字形钢梁与混凝土板共同受力的叠合梁。工字形钢纵梁、横梁、小纵梁通过节点板及高强螺栓连接形成钢构架，构架上架设预制桥面板，现浇膨胀混凝土湿接缝，与钢梁上的抗剪栓钉形成整体，组成叠合梁体系。主梁全宽30.2m，高3.32m，两工字钢纵梁梁肋间距25.7m，钢纵梁节段标准长度为12m。斜拉索布置为双索面、扇形密索体系，每个主塔布有22对空间索，中跨斜拉索在梁上的标准索距为12m；边跨斜拉索在梁上的标准索距为12m和9.0m。斜拉索采用高强平行钢丝。中塔塔梁铰接，边塔采用竖向支承方式，中塔设置固定支座及纵向限位装置，边塔、过渡墩竖向均设活动盆式橡胶支座，辅助墩处拉压支座，塔梁交界处设横向抗风支座，过渡墩、辅助墩横向均设抗风防震挡块，边塔塔梁之间设置纵向阻尼器。

平塘大桥设计荷载等级为公路-Ⅰ级，设计行车速度为80km/h，设计基准风速为33.8m/s，抗震设防烈度为Ⅶ度。桥面纵坡为±0.55%，全宽30.2m，双向四车道。

▶ 平塘大桥效果图

PART THREE
第 三 篇　斜 拉 桥

5 贵州红水河大桥
The Hongshuihe Bridge in Guizhou Province

红水河大桥位于贵州省黔南州罗甸县与广西壮族自治区河池市天峨县交界处，横跨红水河，是 G69 银川至百色高速公路桂黔境内惠水至罗甸段上的一座大桥。该桥于 2013 年 8 月正式开工，于 2016 年 11 月 29 日顺利合龙。

桥址区为珠江流域红水河 U 形峡谷区，属于侵蚀、剥蚀低山地貌，两岸地形坡度较陡，覆盖层厚度较薄，基岩局部裸露。桥址处红水河宽约 390m，附近海拔 258.0～603.0m，相对高差 345.0m，水位高程受下游龙滩电站正常蓄水位控制，一期正常蓄水位 375m，二期正常蓄水位 400m，最低泄洪水位 330.0m。红水河大桥桥面距离最低水位高度为 130m。

红水河大桥为主跨 508m 双塔双索面半飘浮体系混合式叠合梁斜拉桥，跨径布置为 2×20m 预应力混凝土现浇箱梁+(213+508+185)m 斜拉桥，全长 956m。大桥主塔为钢筋混凝土折 H 形结构，高 195.1m。为减小风阻力，塔柱采用带圆角的矩形空心截面，上、下横梁均为矩形截面。主梁在贵州岸边跨以及中跨均采用叠合梁形式，广西岸边跨采用预应力混凝土 π 形梁，是世界首座非对称混合式叠合梁斜拉桥。主梁全宽

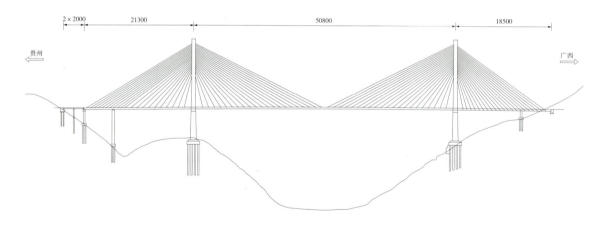

▲ 红水河大桥立面布置图（尺寸单位：cm）

▲ 红水河大桥实景图

27.7m，标准段高 3.175m，有标准段横梁和压重段横梁两种，为方便运输，横梁横向分为 3 段，最大运输长度为 11.53m。横梁之间、主梁与横梁、横梁与小纵梁的连接采用高强度螺栓连接。斜拉索布置为双索面、平面扇形密索体系，采用镀锌钢绞线，每个主塔设有 21 对索。主梁在主塔、辅助墩和过渡墩处设置纵向活动球形钢支座；塔梁横向之间设置抗风支座，共计 4 个，纵向之间黏滞阻尼器，每个主塔处各 2 个，共计 4 个。

红水河大桥设计荷载等级为公路-Ⅰ级，设计行车速度为 80km/h，设计基准风速为 34.8m/s，抗震设防烈度为Ⅶ度。桥面设 2.0% 的双向横坡，全宽 27.7m，双向四车道。

红水河大桥在主梁施工方面很有特色，由于采用了非对称混合式叠合梁，因此，在广西岸预应力混凝土 π 形梁施工中采用了支架现浇方法；贵州岸的叠合梁采用顶推施工法；跨中的叠合梁则采用桥面吊机逐段悬拼施工方法。

6 贵州六冲河大桥
The Liuchonghe Bridge in Guizhou Province

六冲河大桥位于贵州省毕节市织金县境内，是 S55 赤水至望谟高速公路上的一座大桥。该桥于 2010 年 7 月开工，2012 年 12 月建成。

桥址区位于六冲河下游，呈 U 形峡谷，属于溶蚀、侵蚀低中山峡谷地貌，两岸为陡崖及陡斜坡，两岸台地为宽缓山地地形，大部分基岩裸露，局部灌木发育。六冲河是长江水系一级支流乌江上游的主干河流，桥址区上游 2km 建有洪家渡水电站，河谷宽约 235m，河谷底高程约 954m，两岸台地最高 1200m，相对高差 246m。六冲河洪水位为 970.5m，水面距六冲河大桥桥面高约 334m。

六冲河大桥为主跨 438m 的双塔双索面预应力混凝土飘浮体系斜拉桥，跨径布置为 3×30m 先简支后结构连续 T 梁 +（195+438+195）m 斜拉桥 +19×30m 先简支后结构连续 T 梁，全长 1508m。大桥主塔采用

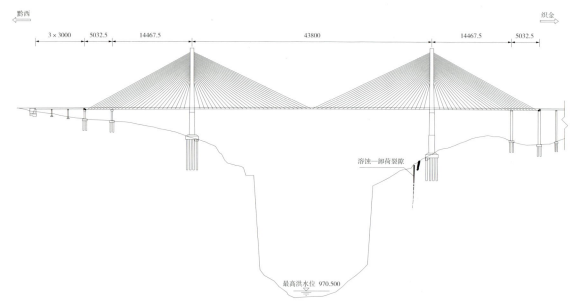

▲ 六冲河大桥立面布置图（尺寸单位：cm；高程单位：m）

PART THREE
第 三 篇　斜拉桥

钻石形空间结构，高 157.6m，其中下横梁以下塔高 46m，下横梁以上塔高 111.6m。为减小风阻力，塔柱采用多棱形空心截面。主梁为预应力混凝土分离式双边肋梁，顶宽 24.1m，高 2.7 m，顶板厚 0.32m，设 2% 双向横坡。斜拉索布置为双索面、扇形密索体系，每个主塔布有 27 对空间索，主跨斜拉索在梁上的索距为 7.8m，边跨随着节段长度的变化，索距相应变化为 6.5m、5.5m。主梁在过渡墩处竖向均设活动盆式橡胶支座，横向均设抗风防震挡块，辅助墩处竖向均设拉压支座，主塔处设置 0 号索。在主塔与主梁之间设有纵向黏滞阻尼器，每个主塔处 2 个，共计 4 个。

六冲河大桥设计荷载等级为公路 - Ⅰ 级，设计行车速度为 80km/h，设计基准风速为 25.8m/s，抗震设防烈度为 Ⅶ 度。桥面设 2.0% 的双向横坡，±0.6% 的纵坡，全宽 24.1m，双向四车道。

六冲河大桥采用了预应力混凝土主梁，采用前支点挂篮从主塔两侧悬臂浇筑，边、中跨合龙段长度分别为 2.0m、3.0m。

▲ 六冲河大桥实景图一

▲ 六冲河大桥实景图二

PART THREE
第三篇 斜拉桥

7 西藏迫龙沟大桥
The Polonggou Bridge in Tibet Autonomous Region

迫龙沟大桥位于西藏自治区林芝地区波密县境内，跨越迫龙沟与帕隆藏布的交汇处，是G318线川藏公路西藏境内通麦至105道班段整治改建工程的控制性项目之一，也是西藏自治区主跨最长的斜拉桥。该桥于2012年12月开工，2015年12月建成。

桥址区属于高山河谷地貌，横跨迫龙沟沟口，沟口宽约400m，两岸为泥石流堆积地貌，植被发育。河谷断面呈U形，主沟切割较深，桥位轴线地面高程介于2001.37～2087.57m，相对高差86.2m。桥址区左侧为帕隆藏布拐弯处，河流宽度约160m，成都岸属于帕隆藏布侵蚀岸。迫龙沟大桥桥面距离水面的高度约为88m。

迫龙沟大桥是主跨为430m的双塔双索面半飘浮体系混合梁斜拉桥，跨径布置为（156+430+156）m，全长742m。大桥主塔在桥面以上为A形，高95.7m，桥面以下合并为单柱形式，下部采用群桩基础。成都岸主塔高146.7m，拉萨岸主塔高139.7m。上、中塔柱采用箱形断面，在拉索锚固区，塔柱配置环向预应力；下塔柱为单箱双室断面，

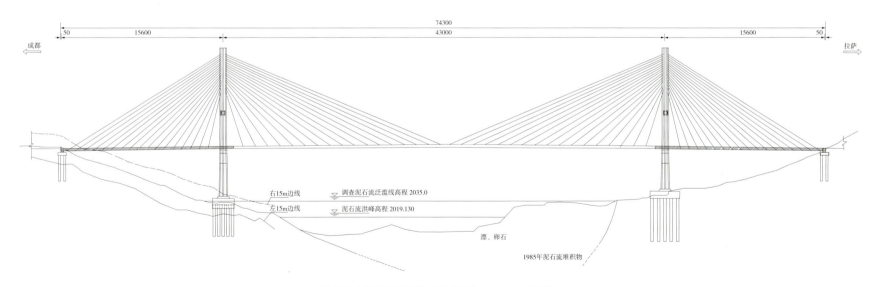

▲ 迫龙沟大桥立面布置图（尺寸单位：cm；高程单位：m）

顺桥向尺寸为5.8～6.5m，横桥向尺寸为15～25m。主梁采用组合梁+混凝土梁的组合形式，中跨为组合梁，边跨为混凝土梁，钢—混分界线位于主跨距索塔中心线10m位置处。中跨组合梁采用高2.2m的工字形钢主梁；钢主梁之间设置标准间距为4m的横梁，横梁腹板通过高强螺栓与钢主梁连接，上、下翼缘板不连接；在桥梁横向跨中设置一道小纵梁，高0.3m；小纵梁与横梁之间通过高强螺栓连接。斜拉索采用无黏结钢绞线，为双索面扇形布置，全桥共68对索，最长229.641m。为了改善拉索的气动特性，抑制风雨激振的影响，在斜拉索表面进行了缠绕螺旋线处理，并在拉索锚固梁端设置了黏滞剪切型阻尼器。主梁在主塔处设置竖向支座、横向抗风支座和纵向阻尼器，防止主梁在地震和阵风等情况下发生过大的水平位移。

迫龙沟大桥设计荷载等级为公路-Ⅱ级，设计行车速度为40km/h，设计地震动峰值加速度为0.25g，设计基准风速为29.7m/s。混凝土梁段的桥面全宽为13.8m，组合梁梁段的桥面全宽16.8m。

迫龙沟大桥是国内首座中跨组合梁+边跨混凝土梁的混合梁斜拉桥。在主梁施工过程中，边跨采用牵索挂篮悬浇，中跨采用悬拼吊机拼装组合梁。由于塔两侧主梁自重与索距均相差很大，确保塔两侧悬臂端力矩平衡是本桥实施的重难点，同时也制约着大桥的工期。作为川藏公路控制性工程和地标工程，迫龙沟大桥的建成，将有效地缓解川藏公路林芝段尤其是"通麦天险"的交通困难。

◀ 迫龙沟大桥施工图

PART THREE

第 三 篇　斜 拉 桥

▶ 迫龙沟大桥实景图

8 湖北忠建河大桥
The Zhongjianhe Bridge in Hubei Province

忠建河大桥位于湖北省恩施州宣恩县境内，横跨忠建河大峡谷，是G6911恩施至来凤高速公路上的一座大桥，其北侧约1km有S232省道。该桥于2011年8月开工，2014年10月建成。

桥址区属于构造溶蚀、侵蚀中低山峰丛地貌，受清江一级支流忠建河的切割，地形起伏较大，微地貌为V形峡谷，两岸为峰丛、孤峰地貌。桥址处河谷险峻，切割深度大，最大地面高程为802m，最低地面高程为555m，相对高差247m。宣恩侧桥台自然坡角15°～35°，局部较陡，坡角达50°，坡向与桥轴线一致，为凹形坡；来凤侧桥台自然坡角25°～50°，局部为陡崖，坡角达75°，坡向与桥轴线一致，为凸形坡，坡面上植被发育，多为乔木、灌木。忠建河大桥桥面距谷底高度为248m。

忠建河大桥为主跨400m的双塔双索面半飘浮体系钢桁加劲梁斜拉桥，跨径布置为（46+134+400+134+46）m，全长760m。大桥主塔为钢筋混凝土H形塔柱结构，两岸塔高均为245m。塔身采用箱形变截面，横桥向靠近桥梁中心线的一侧不放坡，始终保持垂直，另一侧尺寸由上而下渐变。主塔柱设有劲性骨架，以便于施工定位，同时参与结构受力。

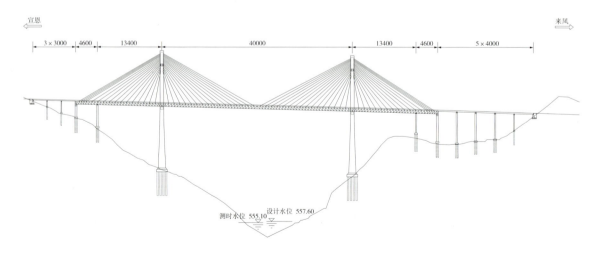

▲ **忠建河大桥立面布置图**（尺寸单位：cm；高程单位：m）

PART THREE

第三篇　斜拉桥

上塔柱斜拉索锚固区的劲性骨架，施工时结合索道管的定位可做适当的调整。钢桁梁为N形桁架，两片主桁的中心间距为26m，桁高6m，主桁采用焊接整体节点结构形式。主桁上弦杆采用箱形截面，顶面设置2%横坡；主桁斜腹杆和竖腹杆均采用H形截面；横向联结系包括上、下横梁及横梁腹杆。为增强主桁整体性，在桁梁端头、拉索处、主塔附近均设置有横向联结系。斜拉索采用低松弛镀锌高强钢丝，呈双索面、扇形布置，梁上索距12m或5m，塔上索距1.8～3.2m。斜拉索采用阻尼器、气动措施并用的综合减振方案，气动措施为压花型抗风雨振拉索技术；拉索在塔端采用内置减震器，梁端采用外置减震器。主梁在过渡墩、辅助墩及主塔下横梁处设置纵向活动、竖向刚性的球形支座；在主塔处各设4个横向抗风支座，分别布设在主桁上下弦杆与塔柱之间；在边墩设置横向限位块，限制主梁在地震等偶然荷载作用下产生过大的横向位移；在过渡墩和主塔下横梁处各设置一组黏滞阻尼器，全桥共8组。

忠建河大桥设计荷载等级为公路-Ⅰ级，设计行车速度为80km/h，抗震设防烈度为Ⅶ度。桥面全宽26.922m，行车道净宽2×11m，双向四车道。

忠建河大桥施工环境恶劣、工艺复杂。主塔采用液压自动爬模施工，钢桁梁安装采用杆件工厂加工，塔下拼装，由4台大吨位桥面吊机对称悬臂吊装。

▼ 忠建河大桥效果图

9 贵州武佐河大桥
The Wuzuohe Bridge in Guizhou Province

武佐河大桥位于贵州省毕节市织金县境内,是 G76 厦门至成都高速公路贵州境内织金县到纳雍段上的控制性工程。该桥于 2012 年 7 月开工,2015 年 12 月建成。

桥址区位于云贵高原向黔中山原的过渡地带,跨越武佐河河谷,山脉切割,地形起伏较大。武佐河大桥桥面距离承台的高度为 113.5m,距离谷底高度为 225m。

武佐河大桥为主跨 380m 的双塔双索面飘浮体系预应力混凝土斜拉桥,跨径布置为 13×40m 先简支后结构连续 T 梁 +(178+380+178)m 斜拉桥 +5×40m 先简支后结构连续 T 梁,全长 1456m。大桥主塔采用钢筋混凝土花瓶形空间结构,下横梁以下塔高 41m,下横梁以上塔高 102.5m。为减小风阻力,塔柱采用多棱形空心截面,为增加塔柱的稳定性,在上塔柱顶部设置横隔板。主梁的基本断面形式是分离式边主

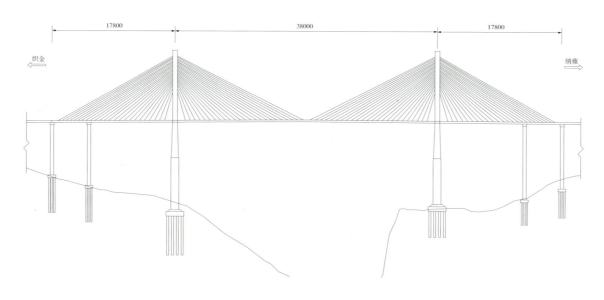

▲ **武佐河大桥立面布置图**(尺寸单位:cm)

▲ 武佐河大桥实景图

梁，顶宽 27.1m，高 2.6 m，顶板厚 0.32m，设有 2% 的双向横坡。斜拉索布置为双索面、扇形密索体系，每个主塔布有 24 对空间索，主跨斜拉索在梁上的索距为 7.5m，边跨随着节段长度的变化，索距相应变化为 6.5m、5.5m。主梁在过渡墩处竖向设置活动盆式橡胶支座，横向设置抗风防震挡块；在辅助墩处竖向设拉压支座；在主塔中横梁处设置 0 号索。

武佐河大桥设计荷载等级为公路-Ⅰ级，设计行车速度为 80km/h，抗震设防烈度为Ⅶ度。桥面全宽 27.1m，双向四车道。

中国公路峡谷大桥

10 湖南赤石大桥
The Chishi Bridge in Hunan Province

赤石大桥位于湖南省郴州市宜章县境内，是 G76 厦门至成都高速公路湖南汝城至郴州段上的一座大桥。该桥于 2010 年 3 月开工，2016 年 10 月通车。

赤石大桥为（165+3×380+165）m 的四塔双索面预应力混凝土斜拉桥，主桥全长 1470m，采用边塔支承、中塔塔墩梁固结体系。大桥桥面距地面高度约 182m，索塔最大高度为 287.63m。主塔柱为双面双曲线带凹槽的曲线收腰形薄壁结构，上塔柱设置钢锚梁。主梁采用单箱四室箱形断面，中心高 3.2m，顶宽 27.5m，桥面设 2% 的双向横坡。斜拉索采用表面做防腐处理的低松弛钢绞线，扇形布置，每塔 23 对斜拉索，全桥共计 368 根。

赤石大桥设计荷载等级为公路-Ⅰ级，设计行车速度为 80km/h，地震动峰值加速度＜ $0.05g$，设计基准风速 24.1m/s。桥面全宽 28m，双向四车道。

赤石大桥具有大跨、高墩、多塔和大桩径等特点，科技含量高，结构新颖（尤其是索塔结构形式），是目前同类桥梁中世界第一的四塔斜拉桥。赤石大桥设计和施工中的主要技术创新有：① 在群桩设计中，根据每根桩的地质情况确定桩长，同

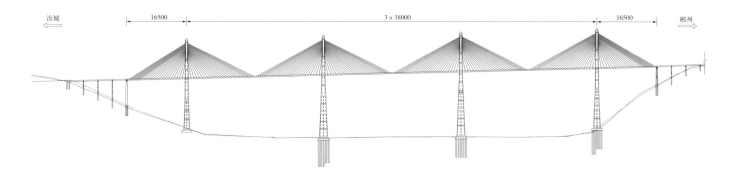

▲ **赤石大桥立面布置图**（尺寸单位：cm）

PART THREE

第 三 篇　斜 拉 桥

▲ 赤石大桥实景图一

一承台下桩长差达 58m。考虑到桩基刚度问题，短桩直径取 2.8m，长桩直径取 3.1m，以避免桩基受力不均匀引起的沉降差。②为了解决多塔斜拉桥刚度较弱的难题，综合考虑与环境协调的桥梁美学，提出了具有原创性的双曲线空心多边形薄壁塔柱和 A 形桥塔相组合的新型索塔方案。③主塔塔身采用带"内凸"的箱形截面，这种具有"自加劲"效果的箱形截面大大提高了曲线形箱壁的局部稳定性，从而使 120m 高的下塔柱仅需设置一道横隔梁。④采用冲击钻加设内护筒的施工工艺，辅以优质泥浆、回填片石、黄土等填充料，再根据桩长合理安排开孔顺序等综合措施，有效解决了漂、卵石覆盖层超岩溶发育地区桩基施工中的技术难题。⑤国内首次一次性浇筑 4100m³ 聚丙烯纤维塔

◀ 赤石大桥实景图二

座混凝土。⑥挂篮最大承载力高达 7600kN，属国内外第一，质量达 280t，采用特制前移小车进行挂篮的高空拼装。⑦首次综合运用"竖向下拉索＋横向 TMD"的临时措施，解决施工期间抗风问题。⑧为减少后期因主梁钢筋混凝土收缩徐变引起的塔偏，在中跨及次中跨合龙时施加水平顶推力，使索塔均向两边跨侧预偏。

PART THREE
第三篇 斜拉桥

11 重庆武陵山大桥
The Wulingshan Bridge in Chongqing Municipality

武陵山大桥位于重庆市黔江区境内,是 G65 包头至茂名高速公路重庆至长沙段上的一座大桥。该桥于 2006 年 3 月开工,2009 年 12 月建成。

桥址区属于溶蚀、侵蚀低中山峡谷地貌单元,跨越干溪沟,切割较深,地面高程在 370～632m 之间,最大相对高差为 262m。干溪沟长年有水,岸坡见悬崖峭壁,坡积土层较少,基岩出露,植被较发育,林木及灌木较茂盛。山坡自然坡向长沙侧在 257°～274°之间,重庆侧在 49°～75°之间。武陵山大桥桥面距谷底高 263m。

武陵山大桥为主跨 360m 双塔双索面飘浮体系预应力混凝土斜拉桥,跨径布置为 30m 预应力混凝土简支 T 梁 +(155+360+155)m 斜拉桥 +4×30m 先简支后连续预应力混凝土 T 梁,全长 832m。大桥主

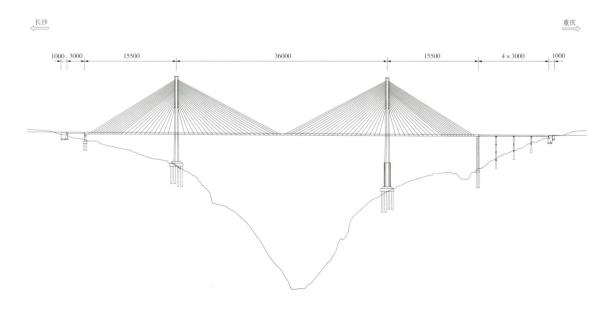

▲ **武陵山大桥立面布置图**(尺寸单位:cm)

中国公路峡谷大桥

塔采用宝石形塔柱，塔柱为钢筋混凝土多菱形空心截面，下横梁以上塔高 99.08m，下横梁以下塔高 45.0m，重庆岸主塔的墩塔柱下设圆端形墩身，高 41.0m。斜拉索锚固区构造为凸齿式，采用 U 形预应力束加固，以平衡斜拉索水平分力。主塔柱设有劲性骨架，以便于施工定位，同时参与受力。主梁的基本断面形式是边主梁，顶宽 27.1m，高 2.5m，顶板厚 0.32m，设 2% 的双向横坡。斜拉索采用低松弛镀锌高强钢丝，索距除 0 号索与 1 号索间距为 14.0m 外，其余索间距分别为 8m、6m 和 5m。

武陵山大桥设计荷载等级为公路 - I 级，设计行车速度为 80km/h，抗震设防烈度为 Ⅶ 度。桥面全宽 27.1m，双向四车道。

◀ 武陵山大桥实景图

PART THREE
第三篇 斜拉桥

12 新疆果子沟大桥
The Guozigou Bridge in Xinjiang Uygur Autonomous Region

果子沟大桥位于新疆维吾尔自治区伊犁州霍城县境内，是 G30 连云港至霍尔果斯高速公路新疆境内赛里木湖至果子沟口段上的一座大桥。该桥于 2007 年 8 月开工，2011 年 9 月建成通车。

桥址区处于果子沟风景区，桥梁景观要求高，地形复杂、气候多变、生态脆弱。果子沟大桥桥面距谷底的高度约为 186.3m。

果子沟大桥为主跨 360m 的双塔双索面半飘浮体系钢桁梁斜拉桥，跨径布置为（170+360+170）m，全长 700m。大桥主塔为阶梯形钢筋混凝土结构，塔柱为单箱单室截面，奎屯侧主塔全高 209.5m，霍尔果斯侧主塔全高 215.5m。阶梯形主塔共分三大节段，上层塔架高 133.5m，中塔墩高 38m，下层塔墩（奎屯侧、霍尔果斯侧）分别为

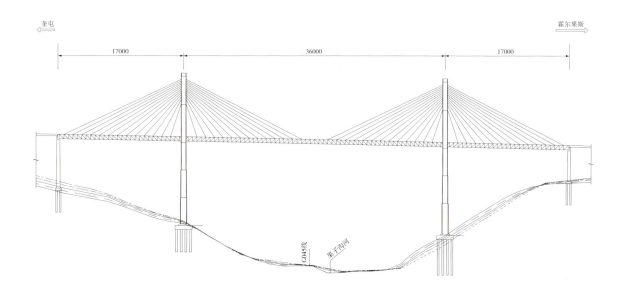

▲ **果子沟大桥立面布置图**（尺寸单位：cm）

38m、44m。加劲梁采用N形桁架，两片主桁中心间距为26m，桁高6m，节间长度6m，采用焊接整体节点。主桁上、下弦杆采用箱形截面，每侧竖板各设置一道板式加劲肋；主桁斜杆及竖杆均采用H形截面。斜拉索为低松弛镀锌平行钢丝束，采用双索面平面扇形布置。斜拉索减振方式为内置橡胶减振块及PE外表面设置防风雨振螺旋线，同时设置体外减振器。主梁在边墩、主塔处设置纵向活动、竖向刚性的球形支座；主塔处设4个横向抗风支座，分别布设在主桁上下弦杆与塔柱之间；在边墩设置横向限位块，限制主梁梁端在地震等偶然荷载作用下产生过大的横向位移；主梁每片主桁在边墩、主塔中二横梁处各设置一组液压阻尼器，全桥共8套。

果子沟大桥设计荷载等级为公路-Ⅰ级，设计行车速度为80km/h，抗震设防烈度为Ⅷ度。桥面最大纵坡2.445%，全宽26.93m，双向四车道。

根据果子沟桥位处气候条件，冬季气温严寒，拉索在梁上采用下锚式的锚固形式，节点锚箱设于整体节点内侧，索导管穿过上弦杆顶底板。下锚式节点全部在工厂加工完成，无须工地现场焊接，施工质量容易保证，节点板为局部承压，不存在低温情况下发生脆性破坏问题，可有效避免高寒地区钢结构低温脆断问题。

果子沟大桥边跨压重采用在主梁端部3个节间范围内设置钢筋混凝土块的方式，混凝土块横向简支在主桁杆件上，这种压重方式为国内公路桥梁首创。

果子沟大桥采取先合龙两边跨再合龙中跨的施工方案。钢桁梁合龙是大桥施工的控制性节点，设计采用弦杆通过竖板上长圆孔和圆孔，利用温度变化、钢梁的伸缩来实现精确合龙，斜杆通过现场投孔来实现半精确合龙。该合龙工艺为国内公路行业首创。

PART THREE

第 三 篇　斜 拉 桥

▲ 果子沟大桥实景图

13 贵州马岭河大桥
The Malinghe Bridge in Guizhou Province

马岭河大桥位于贵州省黔西南州兴义市境内，跨越国家级风景区马岭河大峡谷，是 G78 汕头至昆明高速公路贵州境内板坝至江底段的控制性工程。该桥是贵州省第一座双塔双索面斜拉桥，于 2009 年 8 月合龙。

桥址区位于云贵高原斜坡地带的兴义溶蚀盆地中，属构造溶蚀中高山峰丛峡谷地貌单元，地表侵蚀冲刷强烈。地形两头高，中间低，最高点海拔 1253.8m，最低点海拔 930.7m，相对高差 323.1m。沿路线中线，地形呈台阶状向峡谷逐渐降低。区内不良地质主要有岩溶、危岩体与崩落或滚石，峡谷兴义岸悬崖上分布有 2 个危岩体。马岭河大桥桥面距谷底的高度为 127m。

马岭河大桥为主跨 360m 的双塔双索面预应力混凝土斜拉桥，跨径布置为（3×50+4×50）m 先简支后连续刚构预应力混凝土 T 梁 +（155 + 360 + 155）m 斜拉桥 +（40+3×50+3×50）m 先简支后连续刚构预应力混凝土 T 梁，全长 1380m。顶效侧主塔处为飘浮体系，兴义侧主塔处为固结体系。主塔为宝石形，属于钢筋混凝土空间结构，高 192.075m，其中下横梁以上高 91.0m。为减小迎风面，塔柱采用多

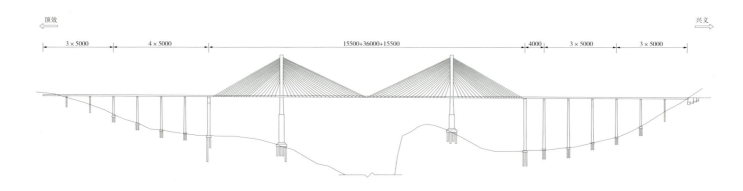

▲ 马岭河大桥立面布置图（尺寸单位：cm）

▲ 马岭河大桥实景图

棱形空心截面。主梁采用"∏"形断面，顶宽 27.1m，高 2.5m，顶板厚 32cm，设 2% 的双向横坡。斜拉索为镀锌平行钢丝束，采用双索面平面扇形布置。斜拉索在梁上的标准索距 8m，但顶效侧主塔 0 号索与 1 号索间距为 14m，兴义侧主塔 1 号索之间的间距为 28m，两侧边跨索距分为 6.3m、6.0m 和 5.5m 三种。斜拉索采用阻尼器、气动措施并用的综合减振方案，气动措施采用压花形抗风雨振技术。

马岭河大桥设计荷载等级为公路-Ⅰ级，设计行车速度为 80km/h，抗震设防烈度为Ⅶ度。桥面全宽 27.1m，双向四车道。

14 贵州道安高速公路乌江大桥
The Wujiang Bridge of the Dao-An Expressway in Guizhou Province

道安高速公路乌江大桥位于遵义市余庆县和湄潭县交界处，是G69银川至百色高速公路贵州境内道真至新寨段上的一座大桥。该桥于2012年12月正式开工，2015年12月竣工。

桥址区属于低山河谷地貌，地形起伏较大，乌江深切河床，形成U形河谷，河岸地势陡峭。桥址区范围内中线高程600.0～725.0m，最大相对高差125.0m。乌江设计水位为632.510m，水深大于160m，水面不具备通航条件。桥址区仅有狭窄山路通过，通行条件较差。乌江大桥桥面距离设计水位高度约为85m，距离乌江谷底约255m。

道安高速公路乌江大桥为主跨360m的双塔双索面混合式叠合梁斜拉桥，跨径布置为（54+71+360+71+54）m，大桥全长610m。大桥主塔为钢筋混凝土H形框架结构，塔身采用箱形截面，两岸主塔总高度均为172m，主塔柱设有劲性骨架，以便于施工定位。中跨主梁采用

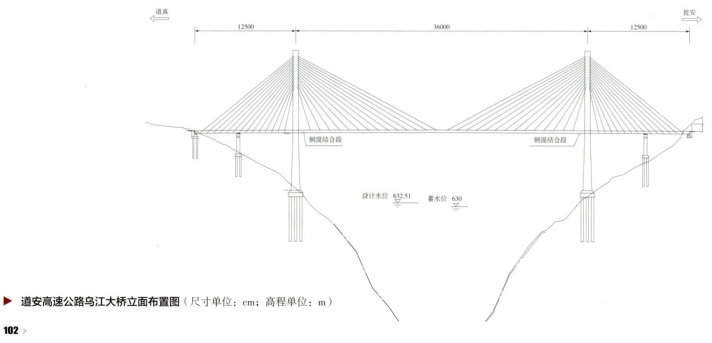

▶ 道安高速公路乌江大桥立面布置图（尺寸单位：cm；高程单位：m）

PART THREE

第三篇 斜拉桥

双边"上"字形钢主梁结合桥面板的整体断面形式，主梁横向中心距 2.6m，全宽 28m，路线中心线处梁高 3.16m，边主梁中心线处梁高 2.9 m。边跨主梁采用混凝土边主梁形式，断面全宽 28m，截面边缘高 2.88m，中心高 3.16m，主梁顶板厚 0.32m。全桥共 112 根斜拉索，呈扇形布置，采用低松弛镀锌高强钢丝，梁上索距在中跨为 12m，在边跨为 8m，塔上索距 2.5～3.5m。两岸主塔基础下布设 18 根直径 3m 的钻孔灌注桩，桩长 55m。主梁在桥台、辅助墩及主塔下横梁处设置纵向活动、竖向刚性的球形支座；在主塔处设置 2 个横向抗风支座，在桥台、辅助墩设置横向限位块；在每个主塔下横梁处各设置一组黏滞型阻尼器，全桥共 8 套，从而减小地震对结构的受力影响。

道安高速公路乌江大桥设计荷载等级为公路 - Ⅰ 级，设计行车速度为 80km/h，抗震设防烈度为 Ⅶ 度。大桥设置 1.0% 的纵坡，桥面设置双向 2.0% 的横坡，行车道宽 24.5m，双向四车道。

道安高速公路乌江大桥是贵州省首座混合式叠合梁斜拉桥，边跨为预应力钢筋混凝土 π 形梁，采用落地大钢管支架现浇施工，中跨为钢梁框架 + 混凝土桥面板的叠合梁，受现场施工客观条件的限制，采用新型桥面吊机桥位散件悬拼。

▶ **道安高速公路乌江大桥实景图**

15 贵州望安高速公路北盘江大桥
The Beipanjiang Bridge of the Wang-An Expressway in Guizhou Province

望安高速公路北盘江大桥又名岩架大桥，位于贵州省册亨县与望谟县交界的北盘江上，两岸桥台均位于 S312 省道附近，是 S62 余庆至安龙高速公路贵州境内望谟至安龙段上的一座大桥。该桥于 2015 年 11 月建成。

桥址区地处云贵高原向广西丘陵过渡的斜坡地带，属乌蒙山脉东南侧边缘山区。桥轴线通过段地面高程 366.9～496.0m，相对高差 129.1m。桥址区属亚热带季风湿润气候，平均每年出现大于 17m/s 的大风 9.8 次。因位于龙滩水库上游库区，水位变化大。望安高速公路北盘江大桥桥面距最低水面的高度约为 187.9m。

望安高速公路北盘江大桥为主跨 328m 的双塔双索面飘浮体系预应力混凝土斜拉桥，跨径布置为 3×30m 预应力混凝土现浇箱梁 +（150+328+150）m 斜拉桥 +3×30m 预应力混凝土现浇箱梁，全长 817m。大桥主塔为钢筋混凝土折 H 形塔柱结构，望谟岸塔高为 190.4m，册亨岸塔高约为 187.9m，下横梁顶面以下塔高 38m，下横梁顶面以上塔高 88.9m。为减小风阻力，塔柱采用多棱形空心截面。主梁的基本断面形式为边主梁，顶宽 24.1m，高 2.5m，顶板厚 0.32m，

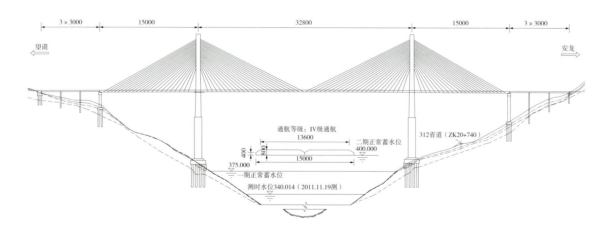

▲ **望安高速公路北盘江大桥立面布置图**（尺寸单位：cm；高程单位：m）

▲ 望安高速公路北盘江大桥实景图

设2%的双向横坡。斜拉索采用低松弛环氧涂层高强钢丝，为平面双索面、扇形密索体系，每个主塔布有22对平面索，梁上标准索距为7.0m，边跨非标准索距为5.5m。斜拉索采用阻尼器、气动措施并用的综合减振方案。8～22号拉索采用黏滞阻尼器减振，气动措施采用压花形抗风雨振拉索技术。主梁在主塔处设置0号索，塔梁之间设置纵向阻尼器；在过渡墩处竖向均设活动盆式橡胶支座，横向均设抗风防震挡块。

望安高速公路北盘江大桥设计荷载等级为公路-Ⅰ级，设计行车速度为80km/h，抗震设防烈度为Ⅷ度，设计基准风速为25.7m/s。桥面全宽24.1m，双向四车道。

望安高速公路北盘江大桥主梁采用挂篮悬浇，0号、1号梁段在索塔下横梁处预埋牛腿支承的托架上进行施工，合龙段采用吊架施工，上、下横梁均采用支架现浇施工。

16 湖北铁罗坪大桥
The Tieluoping Bridge in Hubei Province

铁罗坪大桥位于湖北省宜昌市长阳土家族自治县境内，是G50上海至重庆高速公路湖北境内宜昌至恩施段上的一座大桥。大桥于2004年8月开工，2009年11月建成。

桥址区属构造剥蚀的低中山及V形河谷地貌单元，呈现出山体边坡较陡、河谷切割深度大的地貌特征。桥位轴线段地面高程在520～860m之间，最大切割深度约340m。桥轴线呈75°斜交跨越铁罗坪河，河沟宽约10m，沟谷宽度约80m。桥位东西端山体坡度呈现出上缓下陡趋势，坡角26°～50°，表层分布有强风化层，完整性和稳定性较差，施工开挖易产生垮塌、崩落。铁罗坪大桥桥面距水面的高度约为211.37m。

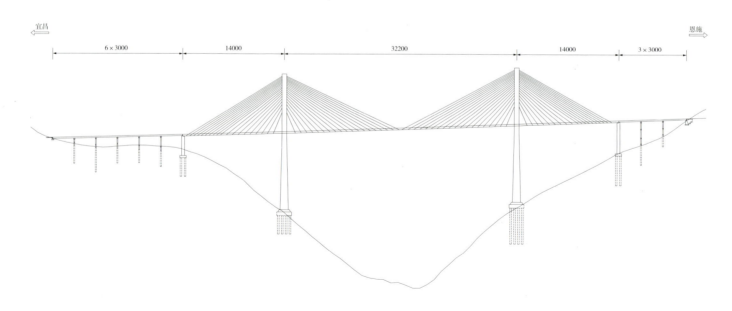

▲ 铁罗坪大桥立面布置图（尺寸单位：cm）

PART THREE

第三篇 斜拉桥

铁罗坪大桥为主跨322m的预应力混凝土斜拉桥,右线桥采用塔墩梁固结体系,左线桥宜昌岸引桥因1号桥墩太矮,取消墩梁固结,设置支座,为连续——刚构体系,两岸引桥采用预应力混凝土先简支后刚构T梁,全长872m。大桥主塔为H形钢筋混凝土塔柱结构,塔柱采用空心五边形断面。宜昌和恩施两侧承台以上塔柱高度分别为190.4m和188.5m。主梁的基本断面形式为边主梁,顶宽27.5m,截面端部高2.6m,中心高2.875m,顶板厚0.31m,设2%的双向横坡。斜拉索采用低松弛镀锌高强钢丝,为平面双索面、扇形密索体系,每个主塔布有19对空间索,梁上标准索距为8m,边跨非标准索距5.2m。

铁罗坪大桥设计荷载等级为汽车-超20级和挂车-120,设计行车速度为80km/h,抗震设防烈度为Ⅶ度。桥面全宽27.5m,双向四车道。

▶ **铁罗坪大桥实景图**

17 贵州遵贵高速公路复线乌江大桥
The Wujiang Bridge of the Second Zun-Gui Expressway in Guizhou Province

遵贵高速公路复线乌江大桥位于贵州省遵义市境内,在县道002楠木渡大桥下游约450m,由北往南横跨乌江,属于G75兰州至海口高速公路上的一座大桥,也是遵义至贵阳段扩容线的控制性工程。该桥于2014年12月开工,目前尚处于施工阶段。

桥址区位于中低山侵蚀、剥蚀地貌,为乌江U形河谷。乌江两岸地形起伏大,地面高程为600～840m,相对高差为240m,地势陡峭,北岸上部自然边坡稍缓,中下部近于直立,南岸边坡几乎垂直。乌江常年流水,跨桥区水深约8～30m,水流湍急,不通航。桥址区主要不良地质为岩溶、岩石破碎带及溶蚀区,钻孔中揭露有溶洞,表面岩石存在溶沟、溶槽、溶洞等岩溶现象。遵贵高速公路复线乌江大桥桥

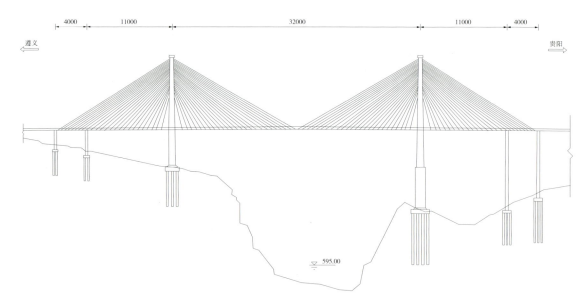

▲ 遵贵高速公路复线乌江大桥立面布置图(尺寸单位:cm;高程单位:m)

PART THREE

第 三 篇 斜 拉 桥

面距离水面的高度为180m。

遵贵高速公路复线乌江大桥为主跨320m的双塔双索面预应力半飘浮体系混凝土斜拉桥，跨径布置为（40+110+320+110+40）m，全长620m。大桥遵义岸主塔为钢筋混凝土H形塔柱结构，承台以上高143.1m；贵阳岸主塔为组合式结构，下部为双柱式塔墩，上部为H形结构，承台以上高197.1m。各塔柱均采用空心矩形截面，其中上塔柱截面采用了环向预应力体系，以抵抗斜拉索的拉力。主梁采用预应力混凝土双边箱断面，主梁中心高3.2m，顶板宽37.6m（含封嘴）。为改善桥面板受力，桥面板中心设小纵梁，梁高1.6m，厚0.4m。斜拉索采用双索面扇形布置，拉索在主梁上的标准索距为6m，在主塔上的标准竖向索距为1.5m和2m。为了抑制斜拉索风雨激振，在斜拉索外表面设置了HDPE套管制成的双螺旋线气动措施，同时在斜拉索与主梁锚固端设置阻尼器。主梁与主塔直接设置竖向支座和横向抗风支座；主梁在过渡墩处设置竖向支座和横向抗震挡块，在辅助墩处设置竖向支座和设置铁砂混凝土压重。

遵贵高速公路复线乌江大桥设计荷载等级为公路-Ⅰ级，设计行车速度为100km/h，抗震设防烈度为Ⅶ度。桥面全宽37.6m（含风嘴），双向六车道。

▶▶ 遵贵高速公路复线乌江大桥施工图

18 湖北神农溪大桥
The Shennongxi Bridge in Hubei Province

神农溪大桥位于湖北省巴东县神农溪风景区内，跨越神农溪，是G42上海至成都高速公路湖北境内宜昌至巴东段上的一座大桥。该桥于2009年9月开工，2014年6月建成。

桥址区位于构造侵蚀剥蚀斜坡及峡谷区。神农溪为U形峡谷，两侧坡度较陡，达30°~45°，最大切割深度100m左右，神农溪东侧桥址区为斜坡山脊地貌，桥梁平行于山脊而行，西侧桥址区为斜坡地貌。神农溪大桥距水面的高度约为160m。

神农溪大桥为主跨320m的双塔双索面预应力混凝土斜拉桥，主桥跨径布置为（140+320+140）m，副主桥为（80+150+80）m预应力混凝土连续刚构桥，两岸引桥分别为4×30m和2×30m预应力混凝土先简支后连续刚构。大桥主塔采用宝石形钢筋混凝土空间结构，宜昌岸高191.8m，巴东岸高195.8m。为减小迎风面，塔柱

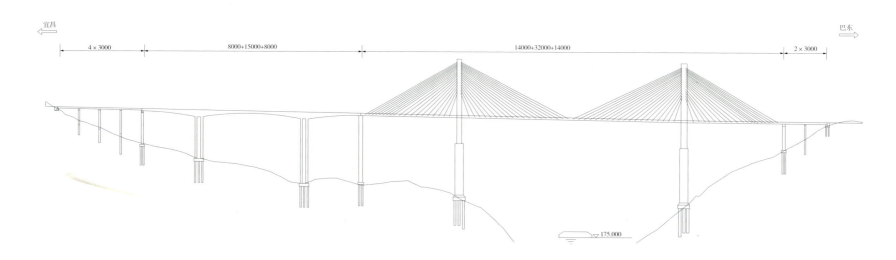

▲ 神农溪大桥立面布置图（尺寸单位：cm；高程单位：m）

▲ 神农溪大桥实景图一

▸ 神农溪大桥实景图二

采用多棱形空心截面。主塔柱设有劲性骨架,以便于施工定位,同时参与结构受力。主梁采用预应力混凝土箱形截面,顶宽 27.1m,设 2% 横坡,梁高 3m,顶板厚 0.28m,底板厚 0.30~0.50m,斜腹部厚 0.25~0.35m,节段长度有 8m 和 5m 两种。斜拉索采用低松弛镀锌高强钢丝,每个主塔布置 19 对。斜拉索在梁上的索距除 0 号和 1 号间距为 14m 外,其余均为 8m 或 5m。斜拉索采用阻尼器、气动措施并用的综合减振方案,其中气动措施采用压花形抗风雨振拉索技术。

神农溪大桥设计荷载等级为公路 - Ⅰ 级,设计行车速度为 80km/h,抗震设防烈度为 Ⅶ 度。桥面全宽 27.1m,双向四车道。

PART THREE

第三篇　斜拉桥

19 重庆荔枝乌江大桥
The Lizhi Wujiang Bridge in Chongqing Municipality

荔枝乌江大桥位于重庆市涪陵区境内，是 G50S 涪陵至丰都高速公路上的一座大桥。该桥于 2010 年 4 月开工，2013 年 11 月建成。

桥址区内多基岩出露，自然坡体现状稳定，未见明显滑移现象。乌江原为五级航道，三峡水库蓄水后调整为三级航道。荔枝乌江大桥桥面距水面的高度约为 160m。

荔枝乌江大桥为主跨 320m 的双塔双索面半飘浮体系混凝土斜拉桥，跨径布置为（52+105+320+105+48）m，全长 630m。大桥主塔下塔柱下部采用独柱形构造，为钢筋混凝土单箱双室矩形断面，下塔柱上部采用 H 形构造，为分离式矩形断面；中塔柱和上塔柱也采用分离式矩形断面。涪陵侧主塔高 204.8m，丰都侧主塔高 200.9m。主梁采用梁板断面，顶面设有 2% 的双向横坡。主梁边缘高 2.5m，中心高 2.73m，宽 26.9m。标准梁段长 8.0m，横隔板间距为 8.0m，标准梁段

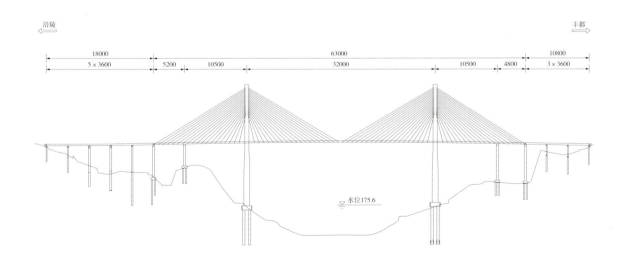

▲ 荔枝乌江大桥立面布置图（尺寸单位：cm；高程单位：m）

的顶板厚 0.32m，索塔两侧梁段的顶板加厚至 0.40m。斜拉索采用热挤聚乙烯高强钢丝，为双索面、扇形密索体系，全桥共 152 根，标准索距 8m。

荔枝乌江大桥设计荷载等级为公路-Ⅰ级，设计行车速度为 80km/h，抗震设防烈度为Ⅵ度，设计基准风速 24.4m/s。桥面全宽 26.9m，双向四车道。

▼ 荔枝乌江大桥实景图

PART THREE

第 三 篇 斜 拉 桥

20 湖北清江大桥
The Qingjiang Bridge in Hubei Province

清江大桥位于湖北省恩施市境内，是 G50 上海至重庆高速公路上的一座大桥，由东向西跨越清江。该桥于 2006 年 1 月开工，2009 年 11 月建成。

桥址区处于鄂西南恩施盆地，属于构造侵蚀、溶蚀低山峡谷地貌。恩施岸坡多被第四系覆盖，植被发育较好，桥台处地面高程 517.45m，自然坡角约 25°～35°，利川岸桥台位于岗脊附近，地面高程约 517m，临

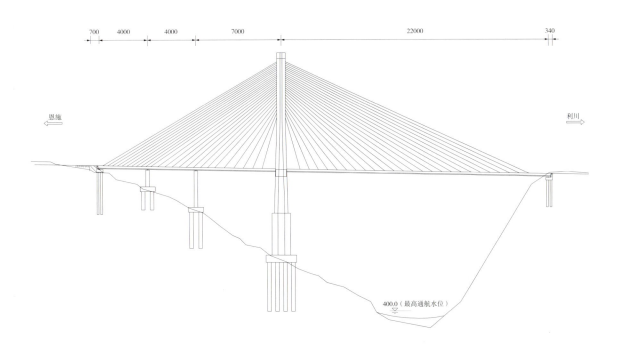

▲ **清江大桥立面布置图**（尺寸单位：cm；高程单位：m）

▲ 清江大桥实景图一

PART THREE
第 三 篇 斜 拉 桥

江为悬崖，自然坡角大于 70°，局部为负坡。河谷断面呈 V 字形，河床宽 40～50m，河床高程约 390m，切割深度 150m 左右。清江大桥桥面距离水面的高度约 120m。

清江大桥为主跨 220m 的独塔预应力混凝土斜拉桥，跨径布置为（40+40+70）m+220m，全长 380m。大桥主塔结构分上部塔身和下部塔墩两部分，全高 166.5m，其中桥面高程以上高 95.453m。主塔顺桥向为独柱形式，上部塔身横桥向为宝石形结构，塔柱为钢筋混凝土空心结构，截面外轮廓为六边形；下部塔墩横桥向为带横梁的门形结构，截面外轮廓亦为六边形。主梁采用双边主肋形预应力混凝土方案，顶宽 28m，底宽 28.5m，顶面设 2% 的双向横坡，边肋高 2.4m，梁中部全高 2.68m，顶板厚 0.32m。顶板设两道纵向加劲矮肋，肋高 0.8m，宽 1.0m。斜拉索采用镀锌低松弛高强度平行钢丝束，为双索面扇形布置，全桥共设 50 对。

清江大桥设计荷载等级为公路 - Ⅰ级，设计行车速度为 80km/h，抗震设防烈度为 Ⅶ度，设计基准风速为 29.06m/s。桥面全宽 28m，不含锚索区的有效宽度为 24.5m，双向四车道。

清江大桥主梁采用挂篮悬浇施工；索塔和桥墩由于高度较大，采用劲型骨架挂模提升法并结合滑模法施工。

▶ 清江大桥实景图二

21 重庆何家坪大桥
The Hejiaping Bridge in Chongqing Municipality

何家坪大桥位于重庆市巫山县境内，是 G42 上海至成都高速公路巫山至奉节段上的一座大桥。重庆至巴东公路在大桥南侧约 4～4.5km 平行通过。该桥于 2011 年 6 月建成。

桥址区为构造溶蚀、剥蚀深切谷地斜坡地貌区。桥轴线上的地面高程在 250～400m 之间，相对高差 150m，东西两端桥台位于冲沟两侧岸坡之上，东桥台临冲沟方向山坡呈折线形，上缓下陡，自然坡度 15°～40°，西桥台临冲沟方向山坡陡峭，自然坡度约 65°，并有高约 60m 的陡崖。何家坪大桥距沟底的高度约为 130m。

何家坪大桥为（58+84+180）m 三跨一联独塔双索面预应力混凝土斜拉桥。主塔为花瓶形，高 151.2m，与主梁固结。塔柱采用空心矩形截面，

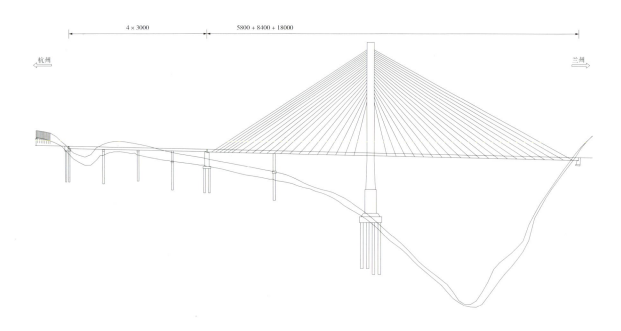

▲ **何家坪大桥立面布置图**（尺寸单位：cm）

PART THREE

第三篇 斜拉桥

顺桥向全宽 6.5m，横桥向最宽处为 4.0m。主梁采用预应力混凝土边主梁断面形式，顶宽 27.5m，端部高 2.3m，桥轴线处高 2.575m，顶板厚 0.32m，设 2% 的双向横坡。斜拉索采用低松弛高强镀锌钢丝，全桥共 21 对斜拉索，梁上标准索距 8m，辅助墩附近索距 6m，边锚索索距 3.5m。

何家坪大桥设计荷载等级为公路-Ⅰ级，设计行车速度为 80km/h，抗震设防烈度为Ⅶ度。桥面全宽 27.5m，双向四车道。

▼ 何家坪大桥实景图

22 云南南盘江大桥
The Nanpanjiang Bridge in Yunnan Province

南盘江大桥位于云南省红河州开远市境内，跨越南盘江，是G8011开远至河口高速公路云南境内锁龙寺至蒙自段上的控制性工程之一。该桥是云南省第一座矮塔斜拉桥。

桥址区处于构造侵蚀、剥蚀中山地貌区，河床深切呈宽U字形，两岸地形陡峻，岩溶发育一般。南盘江大桥桥面距水面的高度为104m。

南盘江大桥主桥为（108+180+108）m的单索面混凝土矮塔斜拉桥，锁龙寺侧引桥为30m简支T梁，蒙自侧引桥为（5×30+5×30+4×30）m先简支后结构连续T梁，总长857m。大桥主塔采用钢筋混凝土等截面矩形断面，桥面以上塔高29m，布置在中央分隔带上，并与箱梁固结。两个塔墩均采用钢筋混凝土变截面薄臂空心墩，横向宽均为

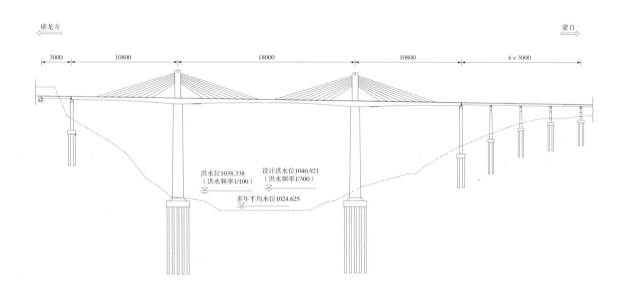

▲ 南盘江大桥立面布置图（尺寸单位：cm；高程单位：m）

PART THREE

第三篇 斜拉桥

▲ 南盘江大桥实景图一

15.928m，纵桥向顶宽9m，沿高度方向按80∶1的倾率扩大桥墩截面。主梁为预应力混凝土单箱三室斜腹板变截面箱梁，根部梁高5.8m，端部等截面段梁高3m，其间按二次抛物线变化。箱梁顶宽27.3m，底宽15.928～17.327m，悬臂板长4.5m；顶板厚0.28m，底板厚度由跨中0.32m逐渐加大至根部1.10m。外侧腹板为斜腹板，内侧腹板为直腹板。斜拉索采用钢绞线，为双排布置的单索面，横向间距1.0m，梁上纵向间距7m，塔上间距1.2m，全桥共计36对斜拉索。斜拉索在塔顶连续通过分丝管，两侧对称锚固于梁体。

南盘江大桥设计荷载等级为公路-Ⅰ级，设计行车速度为100km/h，抗震设防烈度为Ⅷ度。桥面全宽27.3m，双向四车道。

南盘江大桥主梁采用悬臂施工，每节段长度为3.5m或3m，最大节段质量约391.3t。悬臂浇注到7号块件时，开始增加斜拉索施工工序，直到完成到最大悬臂。

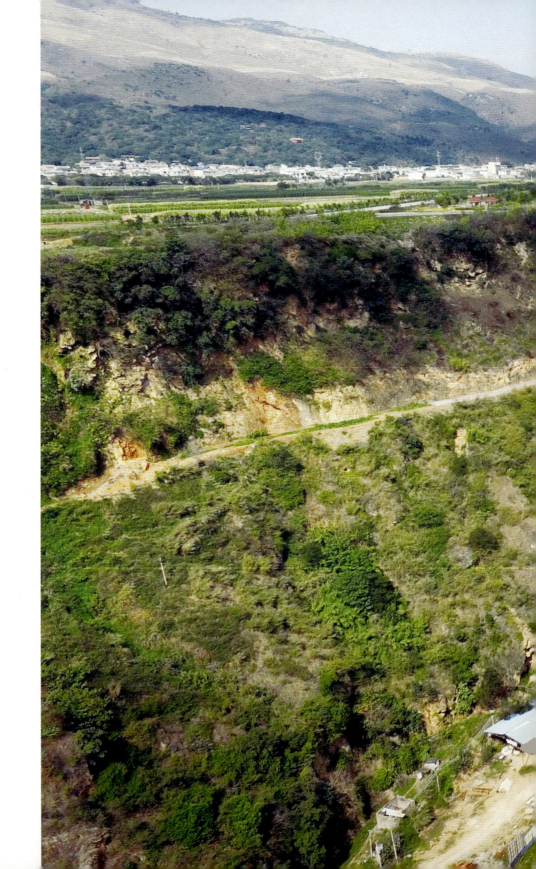

▶ 南盘江大桥实景图二

23 贵州芙蓉江大桥
The Furongjiang Bridge in Guizhou Province

芙蓉江大桥位于贵州省遵义市正安县境内，是 G69 银川至百色高速公路贵州境内道真至新寨段上的一座大桥。该桥于 2014 年 3 月开工，2015 年 10 月合龙。

桥址区属构造低山溶蚀河谷地貌，跨越芙蓉江 U 形河谷。河谷深约 115m，河床宽约 65m，两岸坡近于垂直，局部倒悬，基岩裸露。桥址区岩溶强烈发育，隐伏溶洞众多。芙蓉江无通航要求，为贵州省

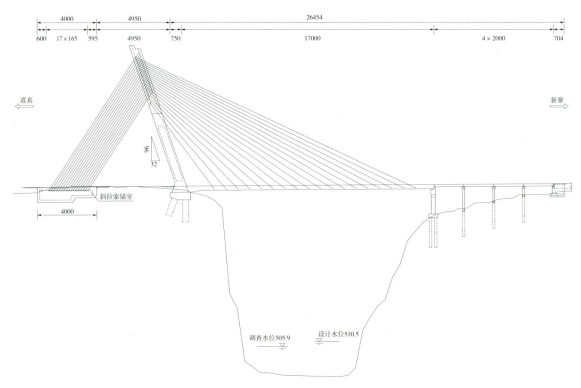

▲ 芙蓉江大桥立面布置图（尺寸单位：cm；高程单位：m）

PART THREE

第 三 篇 斜 拉 桥

Ⅰ类水源，区内工程开展时施工要求较高。芙蓉江大桥桥面距离水面的高度约为110m。

芙蓉江大桥为单跨170m的地锚式独斜塔混凝土斜拉桥，采用塔、墩、梁固结体系，跨度居国内同型桥梁首位。主塔为钢筋混凝土倒Y形斜塔，高98.5m，整体倾向边跨侧，倾角18.43°。主梁为预应力混凝土π形梁，梁顶宽29m，梁高由4m渐变至2.79m，桥面双向横坡2%。地锚箱为40m（长）×24.5m（宽）×11m（高）钢筋混凝土箱形结构，内填C20片石混凝土压重。斜拉索采用成品平行钢丝，中跨扇形布置，为空间双索面，锚跨侧竖琴式布置，为单索面。梁上索距8m，地锚箱上索距1.65m，塔上索距1.5～3.0m。

芙蓉江大桥设计荷载等级为公路-Ⅰ级，设计行车速度为80km/h。桥面净宽2×11m，全宽29.0m，双向四车道。

▶ 芙蓉江大桥施工图一

▲ 芙蓉江大桥施工图二

PART THREE
第三篇 斜拉桥

24 山西仙神河大桥
The Xianshenhe Bridge in Shanxi Province

仙神河大桥位于山西省晋城市泽州县境内,是 G55 二连浩特至广州高速公路山西境内晋城至济源段上的一座大桥。

桥址区属溶蚀、侵蚀中低山区河谷地貌,河谷陡坡蛇曲蜿蜒。由于下切剧烈,谷底很窄,呈直立 V 形谷,两侧陡坡坡度约 60°~70°。

大桥轴线处于陡峭露头岩崖中段,桥面与河谷底最大高差约 170m,与岩崖顶面高差超过 120m。桥梁后方桥台与月湖泉隧道出口紧密相接,前方桥台与拍盘 1 号隧道紧密相接。仙神河为季节性河流,沿仙神河谷底可步行约 5km 至河南省济源市二仙庙风景区。

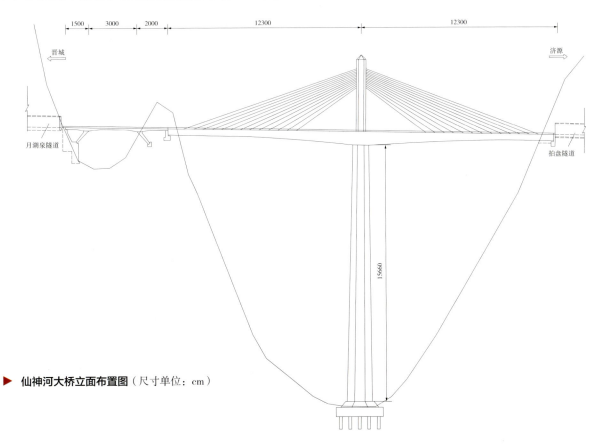

▶ 仙神河大桥立面布置图(尺寸单位:cm)

仙神河大桥主桥为（123+123）m 独塔单索面混凝土矮塔斜拉桥，引桥跨径布置为（15+30+20）m 预应力混凝土斜腿刚构桥。大桥主墩采用八边形外截面、内部为圆形空心的变截面薄壁柱式墩。墩顶到墩底截面采用直线斜率变化，墩壁厚度均为 0.9m。主塔采用倒角矩形等截面实心断面，桥面以上塔高约为 49m。主梁为预应力混凝土单箱三室斜腹板箱梁，根部梁高 8.5m，端部等截面段梁高 4m，其间梁高按 1.5 次抛物线变化。箱梁顶宽 26m，底宽 10～13.694m，悬臂板长 5.0m，顶板厚 0.28m，底板厚度由跨中 0.30m 逐渐加大至根部为 1.50m。斜拉索采用钢绞线，为单索面、扇形布置，全桥共计 2×13 对斜拉索，梁上横向索距 1m，纵向索距 6m，塔上索距 0.9m。

仙神河大桥设计荷载等级为公路 - Ⅰ级，设计行车速度为 80km/h，抗震设防烈度为Ⅶ度，设计基准风速为 28.3m/s。桥面全宽 26m，双向四车道。

▶ 仙神河大桥实景图

PART FOUR

CHINA HIGHWAY CANYON BRIDGES

第四篇

拱 桥

CHINA HIGHWAY CANYON BRIDGES

中 国 公 路 峡 谷 大 桥

PART FOUR
第四篇 拱 桥

1 贵州大小井大桥
The Daxiaojing Bridge in Guizhou Province

大小井大桥位于贵州省黔南布依族苗族自治州罗甸县境内，跨越大井河，是 S62 余庆至安龙高速公路上的一座大桥。该桥于 2016 年 4 月开工建设，目前仍在施工中。大桥的建设对形成贵州省南部地区横向大通道，促进滇桂黔石漠化集中连片特困地区扶贫开发具有重要意义。

桥址位于贵州高原向广西丘陵过渡的斜坡地带，属构造侵蚀、剥蚀低山河谷地貌区，两岸地形切割强烈，桥面与河谷高差约 220m。

大小井大桥主桥为计算跨径 450m 的上承式钢管混凝土拱桥，计算矢高 f=100m，矢跨比 1/4.5，拱轴系数 m=1.55。主拱圈采用等宽变高四肢格构式拱，拱顶和拱脚截面高分别为 8m 和 14m（中到中），单个拱肋宽 4m（中到中），横桥向两片拱肋间距 16m（中到中）。拱肋上、下弦钢管外径为 1360mm，壁厚采用 35mm、32mm 和 28mm 三种规格，管内灌注 C60 自密实微膨胀混凝土。拱上立柱为平缀杆格构式钢管或钢管混凝土排架结构，采用 ϕ700mm×16mm 和 ϕ600mm×16mm

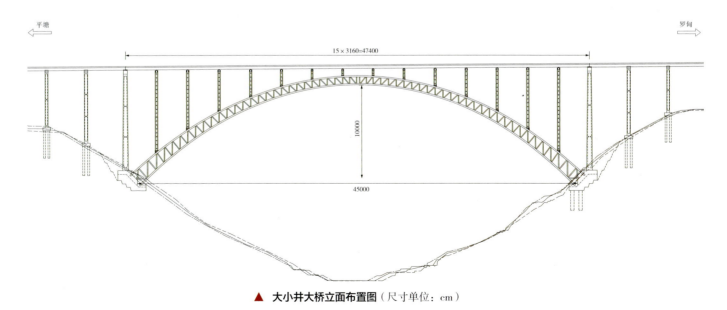

▲ 大小井大桥立面布置图（尺寸单位：cm）

两种钢管，管内灌注 C60 自密实微膨胀混凝土。立柱帽梁采用空心矩形薄壁等截面钢箱结构。主桥桥面系采用跨径 31.6m 的钢——混叠合梁。钢纵梁为焊接工字形断面，梁高 2.1m，每幅桥设 2 道钢纵梁，横向间距 6.5m。预制桥面板宽 12.24m，钢纵梁处厚 45cm，跨中处厚 20cm，在立柱支承顶处纵向以及桥面板横向均布置预应力钢绞线。桥面板与钢纵梁间通过剪力钉相连。

大小井大桥设计荷载等级为公路-Ⅰ级，设计行车速度 80km/h，抗震设防烈度为Ⅶ度。桥面宽度 24.5m，双向四车道。

▼ 大小井大桥效果图

PART FOUR
第四篇 拱 桥

2 湖北支井河大桥
The Zijinghe Bridge in Hubei Province

支井河大桥位于湖北省巴东县境内，横跨支井河峡谷，是 G50 上海至重庆高速公路湖北境内宜昌至恩施段上的一座大桥。该桥于 2004 年 8 月 20 日开工建设，2009 年 11 月 30 日建成通车。

支井河峡谷两岸悬崖陡立，山顶高程 1415m，河床高程 660m，相对高差 755m，谷底宽 30m，桥面与谷底高差约 277m。支井河大桥宜昌侧接漆树槽隧道出口，恩施侧接庙垭隧道进口，由于桥隧紧密相接，

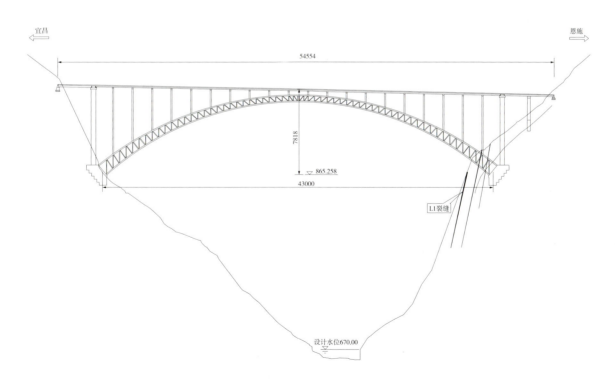

▲ **支井河大桥立面布置图**（尺寸单位：cm；高程单位：m）

交通运输条件恶劣，施工场地狭小。

支井河大桥主桥为计算跨径 430m 的上承式钢管混凝土拱桥，计算矢高 f=78.18m，矢跨比 1/5.5，拱轴系数 m=1.756。主拱圈采用等宽变高四肢格构式拱，拱顶和拱脚截面高分别为 6.5m 和 13m（中到中），单个拱肋宽 4m（中到中），横桥向两片拱肋间距 13m（中到中）。拱肋上、下弦钢管外径为 1200mm，壁厚采用 24mm、30mm 和 35mm 三种规格，管内灌注 C50 自密实微膨胀混凝土。拱上立柱采用 1800mm×1000mm 和 1400mm×1000mm 的钢箱（内壁加劲）与钢箱横联组成的格构体系，壁厚 16mm（内壁竖向加劲），内部不灌混凝土。拱上立柱盖梁为加劲钢箱结构。

支井河大桥设计荷载等级为汽车 - 超 20 级、挂车 -120，设计行车速度 80km/h，抗震设防烈度为Ⅶ度。桥面宽度 24.5m，双向四车道。

支井河大桥主要技术特点和创新之处有：①大桥两岸均为陡峻的悬崖峭壁，桥隧相接，运输条件恶劣、施工场地狭小，拱肋构件采用节点板高强螺栓连接，工厂预拼，现场组装为大节段；大段接头及杆件节点采用"先栓后焊，栓焊结合"连接。②拱肋采用整节段吊装，最大吊装质量 280t。缆索吊装系统跨径达 756m，充分利用两岸地形，不设吊塔，将主索直接锚在岩锚上。

◀◀ 支井河大桥实景图

PART FOUR
第四篇 拱 桥

3 贵州总溪河大桥
The Zongxihe Bridge in Guizhou Province

总溪河大桥位于贵州省纳雍县总溪河峡谷九洞天风景区，是 G56 杭州至瑞丽高速公路贵州境内毕节至都格段上的一座大桥。该桥于 2013 年 3 月开工，2015 年 8 月建成。

桥址区地处构造剥蚀中高山岩溶峰丛沟谷地貌，溶沟、溶槽较发育，钻孔岩溶遇洞率为 37.3%，都格岸拱座处节理裂隙极发育。地形总体上为悬崖夹陡坡，起伏剧烈。桥轴线经过的地面高程为 1198.1～1468.5m，相对切割深度约 270.4m，大桥桥面至水面高差 270m。

总溪河大桥主桥为计算跨径 360m 的上承式钢管混凝土拱桥，计算矢高 f=69m，矢跨比 1/5.217，拱轴系数 m=1.3。主拱圈采用等宽变高四肢格构式拱，拱顶和拱脚截面高分别为 6m 和 11m（中到中），单个拱肋宽 4m（中到中），横桥向两片拱肋间距 14m（中到中）。拱肋上、下弦钢管外径为 1200mm，壁厚采用 35mm 和 26mm 两种规格，管内灌注 C55 自密实微膨胀混凝土。弦管与腹杆采用栓焊节点连接工艺，在弦管上预先焊接连接板，连接板和腹杆间采用螺栓连接，拱肋

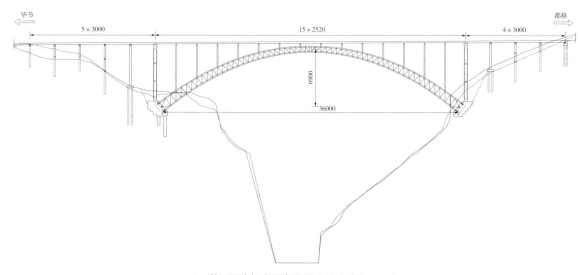

▲ **总溪河大桥立面布置图**（尺寸单位：cm）

腹杆为工字形断面，弦管与腹杆间采用栓焊连接。拱上立柱为排架式矩形截面钢箱结构，采用1500mm×800mm、1300mm×800mm和1100mm×800mm三种截面，壁厚均为16mm。立柱帽梁采用变截面薄壁矩形钢箱结构。主桥桥面系采用跨径25.2m的钢—混组合梁。钢纵梁为焊接工字形断面，梁高1.5m，横向间距2.18m。桥面板采用12cm厚钢筋混凝土预制板。

总溪河大桥设计荷载等级为公路-Ⅰ级，设计行车速度80km/h，抗震设防烈度为Ⅶ度。桥面宽度24.5m，双向四车道。

▼ 总溪河大桥实景图

PART FOUR
第四篇 拱桥

4 湖北小河大桥
The Xiaohe Bridge in Hubei Province

小河大桥位于湖北省恩施市境内，是 G50 上海至重庆高速公路湖北境内恩施至利川段上的一座大桥。该桥于 2004 年 9 月开工建设，2009 年 12 月建成通车。

桥址区属于构造剥蚀、溶蚀中山区峡谷地貌，河流切割深度大，河床宽约 60m，附近山顶高程 1255.1m，河床底部高程约 805m，相对高差约 450m。两侧岸坡陡峻，呈典型 V 形峡谷。两岸桥台、拱座均位于陡峭岸坡上。桥面与谷底高差 208m。

小河大桥主桥为计算跨径 338m 的上承式钢管混凝土拱桥，计算矢高 f = 67.6m，矢跨比 1/5，拱轴系数 m =1.543。主拱圈采用等宽变高六肢格构式拱，拱顶和拱脚截面高分别为 4.9m 和 7.9m（中到中），单个拱肋宽 4m（中到中），横桥向两片拱肋间距 7.75m（中到中）。拱肋上、下弦钢管外径为 1100mm，壁厚采用 26mm、28mm

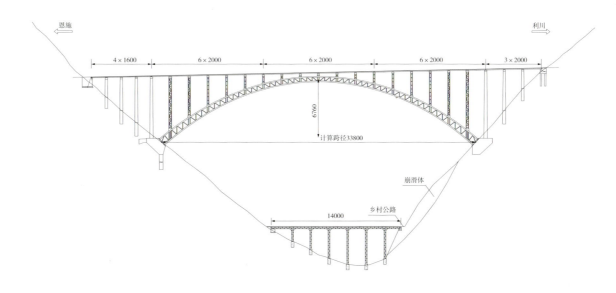

▲ 小河大桥立面布置图（尺寸单位：cm）

和 32mm 三种规格，管内灌注 C60 自密实微膨胀混凝土。拱脚处与铰相连的两斜腹杆及铰轴钢管内也灌注混凝土。全桥在拱肋间设置 17 道"米"字横撑，横撑内平联采用 ϕ600mm×12mm 钢管，竖杆采用 ϕ450mm×12mm 钢管，斜杆采用 ϕ299mm×8mm 钢管。拱上立柱为双排钢管混凝土排架，采用 ϕ450mm×10mm 钢管，管内灌注 C50 混凝土。立柱盖梁采用钢箱梁。桥面系采用三联（6×20m）先简支后结构连续预应力混凝土小箱梁。

小河大桥设计荷载等级为汽车-超 20 级、挂车-120；设计行车速度 80km/h，抗震设防烈度为Ⅶ度。桥面宽度 24.5m，双向四车道。

▶ 小河大桥实景图

5 贵州江界河大桥
The Jiangjiehe Bridge in Guizhou Province

江界河大桥位于贵州省瓮安县境内,跨越乌江,是S205马(场坪)瓮(安)遵(义)公路线上的一座大桥。该桥于1992年3月开工,1995年6月竣工。

江界河大桥为计算跨径330m的预应力混凝土桁式组合拱桥,计算矢高f=55m,矢跨比1/6,拱轴线为二次抛物线,桥面至最低水面高差263m。大桥跨径布置为(20+25+30+330+30+20)m,全长461m。主孔采用桁架伸臂法施工,共分14个悬拼节段,108个预制件,预制构

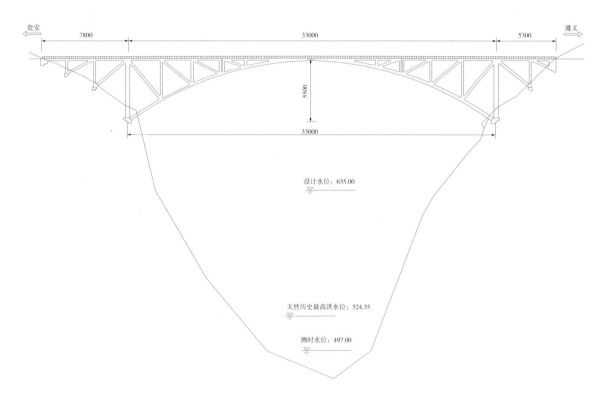

▲ 江界河大桥立面布置图(尺寸单位:cm;高程单位:m)

▲ 江界河大桥实景图

件最长39m，最高6m，最宽3.7m，最大质量126t。最大悬臂状态下重量为70000kN。

江界河大桥设计荷载为汽车-超20级，挂车-120，人群荷载3.0kN/m^2。桥面净宽为9m（车行道）+2×1.5m（人行道），全宽13.4m。

江界河大桥采用贵州省首创的桁式组合拱桥体系。主孔吊装采用120t钢人字桅杆吊机，桅杆质量27t，最大吊装质量120t，自重与起重之比为1∶4.4。由于主孔悬拼施工设施用钢量仅104t（其中：吊机54t，缆索50t），经济性指标较好。该桥1996年获贵州省优秀工程设计一等奖，贵州省科技进步一等奖。1997年获国家科技进步二等奖，交通部优质工程一等奖，中国建筑工程鲁班奖（国优工程）。

6 贵州香火岩大桥
The Xianghuoyan bridge in Guizhou Province

香火岩大桥位于贵州省贵阳市开阳县香火岩景区内，是 G75E 兰州至海口高速公路贵州境内遵义至贵阳段扩容工程上的一座大桥。该桥于 2015 年 5 月开工建设，目前仍在建设中。

桥址区地处贵州高原中部斜坡地带，属溶蚀、侵蚀低中山地貌，桥位处为 V 形峡谷，附近地面高程介于 933.6～1190.6m，相对高差 257m。遵义岸坡度 30°～60°，中下部为陡崖地形；贵阳岸坡度 40°～65°，以陡崖为主。场区属长江流域乌江水系，地表无河流经过，仅分布季节性冲沟。香火岩大桥桥面距谷底 174m。

香火岩大桥主桥为计算跨径 300m 的上承式钢管混凝土拱桥，计算矢高 f=54.545m，矢跨比 1/5.5，拱轴系数 m=1.543。主拱圈采用等宽变高六肢格构式拱，拱顶和拱脚截面高分别为 5m 和 9m（中到中），单个拱肋宽 10m（中到中），横桥向两片拱肋间距 17m（中到中）。拱肋上、

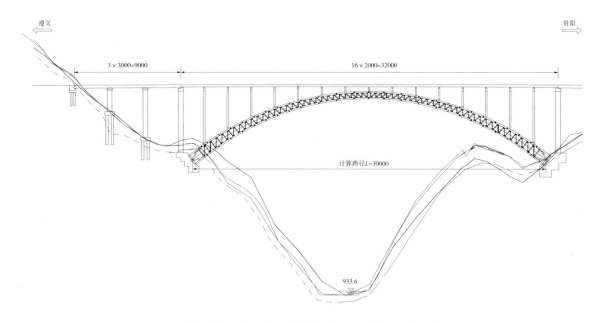

▲ **香火岩大桥立面布置图**（尺寸单位：cm；高程单位：m）

PART FOUR

第 四 篇 拱 桥

下弦钢管外径为 1200mm，壁厚 26~35mm，管内灌注 C55 自密实微膨胀混凝土。拱脚与临时铰相连的两斜腹杆及销轴钢管内也灌注混凝土。上、下弦钢管横联采用 ϕ600mm×16mm 钢管，斜撑采用 ϕ400mm×16mm 钢管。拱肋腹杆采用工字形断面，与节点板栓接。拱上立柱根据立柱高度采用排架式等截面或变截面薄壁钢箱，立柱盖梁采用变截面薄壁钢箱。主桥桥面系采用 20m 先简支后结构连续 T 梁，分三联布置。

香火岩大桥设计荷载等级为公路 - Ⅰ 级，设计行车速度 100km/h，抗震设防烈度为 Ⅶ 度。桥面宽度 33.5m，双向六车道。

▼ 香火岩大桥效果图

7 湖南猛洞河大桥
The Mengdonghe Bridge in Hunan Province

猛洞河大桥位于湖南省永顺县，在国家级风景区猛洞河景区范围内，是 S10 永顺至吉首高速公路上的一座大桥。该桥于 2013 年 11 月 28 日开工建设，目前正在建设中。

桥址区以中～低山剥蚀地貌为主，近垂直跨越沅水水域一级支流猛洞河。桥址区地形起伏大，永顺岸地面最大高程 525.30m，吉首岸地面最大高程 564.08m，猛洞河水面高程约 190.0m，水面宽约 63m，水深约 15m。猛洞河大桥桥面距水面高度为 230m。桥位区人烟稀少，无公路相连，交通不便。

猛洞河大桥主桥为计算跨径 268m 的上承式钢管混凝土拱桥，计算矢高 f=70.5263m，矢跨比 1/3.8，拱轴系数 m=1.65。主拱圈采用等

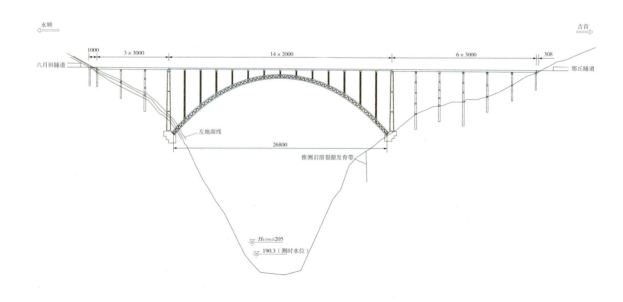

▲ **猛洞河大桥立面布置图**（尺寸单位：cm；高程单位：m）

PART FOUR

第四篇 拱 桥

截面四肢格构式拱，截面高 3.9m（中到中），单个拱肋宽 4.6m（中到中），横桥向两片拱肋间距 13m（中到中）。拱肋上、下弦钢管外径为 1100mm，壁厚采用 20mm、24mm 和 28mm 三种规格，管内灌注 C55 自密实微膨胀混凝土。上、下弦管间设竖腹杆及斜腹杆，立柱位置处设双竖腹杆。主拱两拱肋间设横撑，拱顶设"一"字横撑，其他立柱位置处设 12 道"米"字横撑。横撑均为空钢管桁架，上、下弦采用 $\phi 630mm \times 14mm$ 钢管、斜杆采用 $\phi 600mm \times 12mm$ 钢管。拱上立柱为四肢钢管混凝土格构柱结构，采用 $\phi 450mm \times 10mm$ 和 $\phi 402mm \times 10mm$ 两种钢管。桥面系采用 20m 结构简支桥面连续 T 梁。

猛洞河大桥设计荷载等级为公路-Ⅰ级，设计行车速度 80km/h，设计基准风速为 24.2m/s，设计基本地震动加速度峰值为 $0.05g$。桥面宽度 24.5m，双向四车道。

猛洞河大桥采用无塔架缆索吊装施工法，缆索直接锚于两岸山上，索跨 885m。钢管拱拼场地布置在吉首岸桥下空地，组拼完成后平移至缆索下方。由于两岸自然坡度较陡，地质环境较脆弱，且位于国家级风景区内，为保护环境和确保施工安全，基坑开挖时采用了人工开挖或小型定向爆破技术。

▼ 猛洞河大桥效果图

8 湖北龙桥大桥
The Long Bridge in Hubei Province

龙桥大桥位于湖北省宣恩县境内，横跨宣恩晓关龙桥大峡谷，是G6911 安康至来凤高速公路湖北境内宣恩至咸丰段上的一座大桥。该桥于 2011 年 8 月 22 日开工建设，2014 年 4 月 26 日建成。

桥位处峡谷两侧斜坡陡倾，由中厚层状的炭质灰岩组成，节理裂隙较发育，岩体局部形成高陡临空面。桥轴线内最大地面高程在 1012m 左右，最低地面高程为 799m，相对高差约 213m。龙桥大桥桥面距谷底高度达 200m，路线与河谷高差 100m 以上的区域达 220m。

龙桥大桥主桥为计算跨径 268m 的上承式钢管混凝土拱桥，计算矢高 f=53.6m，矢跨比 1/5，拱轴系数 m=1.5。主拱圈采用等宽变高四肢格构式拱，拱顶和拱脚截面高分别为 5m 和 9m（中到中），单个拱肋宽 4.5m（中到中），横桥向两片拱肋间距 12.5m（中到中）。拱肋上、下弦钢管外径为 1150mm，壁厚为 25mm 和 32mm，管内

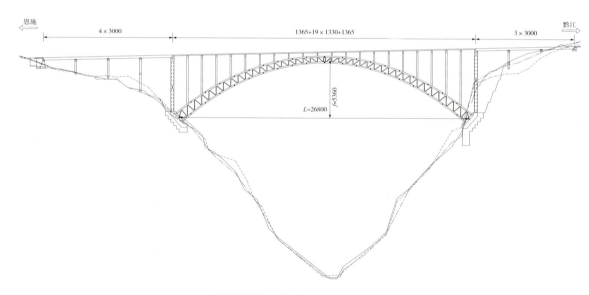

▲ 龙桥大桥立面布置图（尺寸单位：cm）

PART FOUR

第四篇 拱 桥

灌注 C55 自密实微膨胀混凝土。拱脚与临时拱铰相连的两斜腹杆及销轴钢管内也灌注混凝土。全桥在两片拱肋间设 10 道"X"撑、12 道横撑,均为空钢管桁架。横撑平联杆采用 ϕ550mm×16 mm 钢管,横撑斜腹杆采用 ϕ299mm×8mm 钢管,横撑竖腹杆采用 ϕ400mm×16 mm 钢管。拱上立柱采用 1400mm×800mm、1000mm×800mm 和 800mm×800mm 三种薄壁钢箱结构。主桥桥面系采用预应力混凝土先简支后结构连续空心板,联长 280m。

龙桥大桥设计荷载等级为公路-Ⅰ级,设计行车速度 80km/h,抗震设防烈度为Ⅶ度。桥面宽度 24.5m,双向四车道。

▶ 龙桥大桥实景图

9 四川磨刀溪大桥
The Modaoxi Bridge in Sichuan Province

磨刀溪大桥位于四川省泸州市古蔺县境内，跨越磨刀溪，是S26叙永至古蔺高速公路上的一座大桥。该桥于2013年3月开工，2015年12月建成。

桥位地处四川盆地南部边缘与云贵高原北部的过渡地带，属构造侵蚀中山地貌。区内山岭呈驼状，河流、沟谷发育，自然斜坡坡度较陡，桥面与谷底高差164m。

磨刀溪大桥主桥为净跨径266m的劲性骨架钢筋混凝土箱形拱桥，净矢高f_0=71.89m，矢跨比1/3.7，拱轴系数m=2.2。左右两幅的主拱圈均为单箱双室截面，宽7.6m，高4.4m，标准段顶、底板厚0.35m，腹板厚0.3m。主拱圈拱脚至第一根立柱间为渐变段，顶、底板厚度由0.65m线性变化至0.35m，边腹板厚度由0.5m线性变化至0.3m。劲性骨架为型钢—钢管混凝土桁架结构，上、下弦管由三根ϕ402mm×

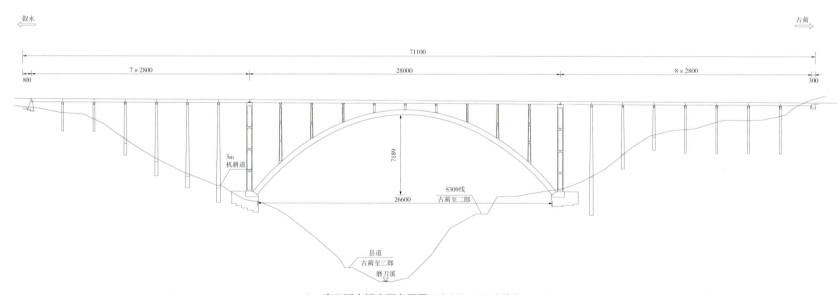

▲ 磨刀溪大桥立面布置图（右幅）（尺寸单位：cm）

▲ 磨刀溪大桥实景图

（16mm、14mm 和 12mm）钢管构成，管内灌注 C100 自密实微膨胀混凝土。弦管通过横联角钢和竖向"米"字形角钢相连，并在拱肋横联对应位置设交叉撑以加强横向连接。"米"字形腹杆及平联与弦管均采用焊接连接。拱上立柱为双柱式钢筋混凝土排架结构，除拱脚侧前三排立柱采用空心薄壁截面外，其他立柱均为实心截面。行车道板为 28m 预应力混凝土小箱梁，梁高 1.6m。

磨刀溪大桥设计荷载等级为公路-Ⅰ级，设计行车速度 80km/h，设计基本地震动加速度峰值为 0.05g。桥面宽度 24.0m，双向四车道。

磨刀溪大桥主拱圈采用强劲性骨架法施工，劲性骨架拱采用缆索吊装悬臂拼装法架设，分 2 环 16 段外包混凝土形成钢筋混凝土拱圈，相比于弱劲性骨架法施工的拱桥，强劲性骨架法极大简化了施工工序。

10 四川冯家坪金沙江大桥
The Jinshajiang Bridge in Fengjiaping Village of Sichuan Province

冯家坪金沙江大桥位于四川省凉山彝族自治州布拖县境内，跨越金沙江，是国务院扶贫办、交通运输部"溜索改桥"项目中的一座大桥。大桥将代替原冯家坪溜索（云南称之为"鹦哥溜索"），解决四川、云南两岸居民的出行问题。该桥于2015年10月开工，目前正在建设中。

桥位处属构造侵蚀高中山地貌，深切峡谷地形，两岸谷坡基本对称，岩石多裸露，陡岩处有卸荷裂隙发育。金沙江江面海拔580m左右，河面宽约150～300m，桥面距江面高约200m。桥位四川岸有公路通过，云南岸无公路，施工运输条件差。

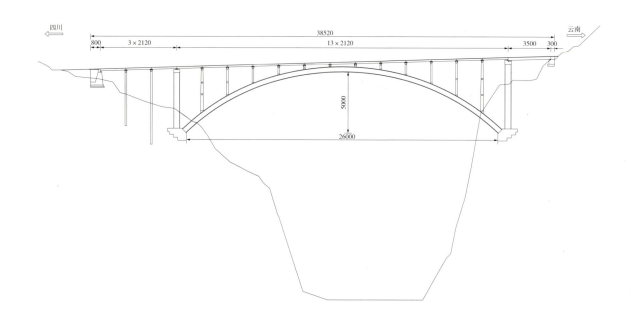

▲ 冯家坪金沙江大桥立面布置图（尺寸单位：cm）

PART FOUR

第四篇 拱 桥

冯家坪金沙江大桥主桥为计算跨径 275.6m 的劲性骨架钢筋混凝土拱桥，净跨径 l_0=260m，净矢高 f_0=50m，矢跨比 1/5.2。主拱圈采用单箱双室截面，宽 8m，高 4.5m，标准段顶、底板厚均为 0.4m，腹板厚 0.3m。主拱圈拱脚至第一根立柱间为渐变段，顶、底板厚度由 0.7m 线性变化至 0.4m，边腹板厚度由 0.55m 线性变化至 0.3m。劲性骨架为型钢——钢管混凝土桁架结构，截面上、下各设三根 ϕ508mm 钢管作为弦管，壁厚采用 16mm 和 24mm 两种规格，管内灌注 C60 自密实微膨胀混凝土。弦管通过横联角钢和竖向角钢相连，并在拱肋横联对应位置设交叉撑以加强横向连接。腹杆及平联与弦管均采用焊接连接。拱上立柱为双柱式排架结构，桥面系采用 21.2m 预应力混凝土小箱梁。

冯家坪金沙江大桥设计荷载等级为公路-Ⅰ级，设计行车速度 30km/h，设计基本地震动加速度峰值为 $0.231g$。桥面宽度 9.0m。

▲ 冯家坪金沙江大桥效果图

11 湖北景阳河大桥
The Jingyanghe Bridge in Hubei Province

景阳河大桥位于湖北省建始县境内，跨越清江干流，是清江水布垭电站水库淹没区交通复建项目。该桥于 2005 年 3 月 1 日开工建设，2007 年 12 月 31 日建成通车。

景阳河大桥主桥为净跨 260m 的上承式钢管混凝土拱桥，净矢高 f_0=52m，矢跨比 1/5，拱轴系数 m=1.756。桥跨布置为（6×20+7×20+7×20+5×20）m，全长 504.58m，桥梁高度 125m。拱肋为等宽变高四肢格构式拱，拱顶和拱脚截面高分别为 5.0m 和 7.0m（中到中），横桥向两片拱肋间距 7.6m（中到中）。拱肋上、下弦钢管为 ϕ1020mm×14mm，管内灌注 C50 自密实微膨胀混凝土；腹杆采用 ϕ426mm×10mm 钢管。拱上立柱采用平缀杆格构式钢管

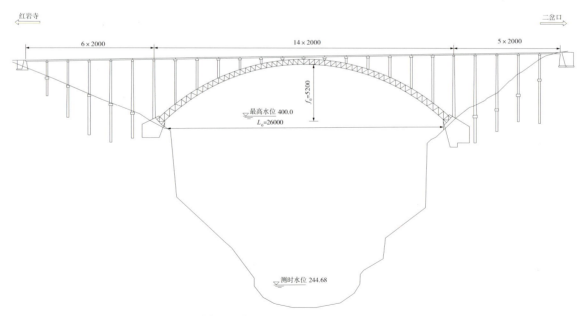

▲ **景阳河大桥立面布置图**（尺寸单位：cm；高程单位：m）

PART FOUR

第四篇 拱 桥

混凝土排架结构,主管和纵横向平联管分别选用 $\phi426mm\times10mm$ 和 $\phi175mm\times6mm$ 钢管。其中,主管内灌注 C50 混凝土,平联管内不灌混凝土。

景阳河大桥设计荷载等级为汽车 -20 级,挂车 -100;抗震设防烈度为Ⅶ度。通航净高 8m,通航净宽 38m;桥面净宽为 9m(车行道)+ $2\times1.0m$(人行道)。

▼ 景阳河大桥实景图

12 山西北深沟大桥
The Beishengou Bridge in Shanxi Province

北深沟大桥位于山西省沁水县境内,是 S80 阳城至侯马高速公路阳城至关门段上的一座大桥。该桥于 2008 年 5 月开工建设,2010 年 10 月建成。

桥位处地形呈 V 形深谷,地面起伏大,高程变化剧烈。北深沟大桥桥面距谷底高度为 102m。

北深沟大桥主桥为净跨径 260m 的中承式钢管混凝土拱桥,净矢高 f_0 =57.778m,矢跨比 1/4.5,拱轴系数 m=1.202。主拱圈采用四肢格构式拱,拱顶和拱脚截面高分别为 2.7m 和 5.2m(中到中),单个拱肋宽 2.7m(中到中)。拱肋上、下弦钢管外径为 1000mm,壁厚采用 26mm 和 18mm 两种规格,腹杆采用 ϕ400mm×10mm 钢管,上、下

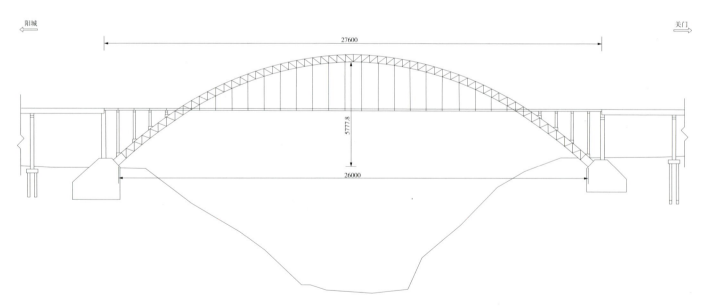

▲ 北深沟大桥立面布置图(尺寸单位:cm)

▲ 北深沟大桥实景图

缀板采用12mm厚钢板。管内及缀板内均灌注C50自密实微膨胀混凝土。全桥共设九道桁架式风撑，风撑弦杆采用 $\phi 700mm \times 12mm$ 钢管，腹杆采用 $\phi 400mm \times 12mm$ 钢管。拱上立柱为钢管混凝土结构，采用 $\phi 1100mm \times 14mm$ 和 $\phi 900mm \times 14mm$ 两种钢管。横梁采用矩形钢箱截面，长28.8m，高1.2~2.15m，吊杆横梁宽0.9m，拱肋横梁和立柱横梁宽1.2m。吊杆间距为9m，桥面系采用π形梁。

北深沟大桥设计荷载等级为汽车-超20级，挂车-120，设计行车速度80km/h，地震基本烈度为Ⅶ度。桥梁宽度20.5m，双向四车道。

13 陕西石门水库大桥
The Shimenshuiku Bridge in Shaanxi Province

石门水库大桥位于陕西省汉中市汉台区境内，是 G85 银川至昆明高速公路陕西境内宝鸡至汉中段上的一座大桥，跨越 316 国道和国家级水利风景区——石门水库。该桥于 2014 年 12 月开工建设，2016 年 6 月主拱合龙，目前正在建设中。

石门水库水面宽约 200m，水深 20m，最高蓄水水位 622.08m。水面两侧坡岸山体陡峭、基岩出露，汉中岸山体自然斜坡坡度 40°~55°，局部形成陡崖。大桥桥面距水面 75m。

石门水库大桥主桥为计算跨径 248m 的中承式钢管混凝土拱桥，计算矢高 f=62m，矢跨比 1/4，拱轴系数 m=1.5。左右幅桥分离，每幅桥设两片拱肋，主拱圈采用四肢格构式拱，拱肋截面高 4.4m（中到中），单个拱肋宽 1.8m（中到中），横桥向两片拱肋间距 18.9m（中到中）。拱肋上、下弦钢管外径为 950mm，壁厚采用 14mm

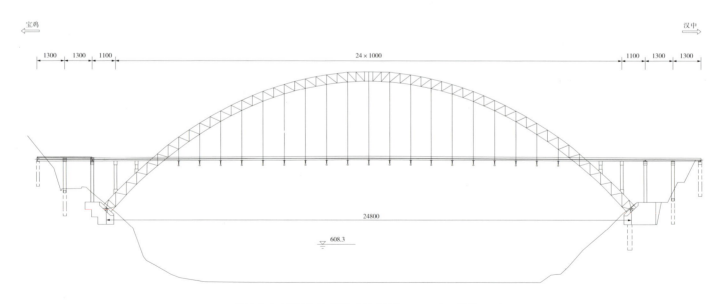

▲ 石门水库大桥立面布置图（尺寸单位：cm；高程单位：m）

PART FOUR

第 四 篇 拱 桥

和16mm两种规格，上、下设缀板。管内及缀板内均灌注C50自密实微膨胀混凝土。横梁长20m，高1.2~2.2m，采用双吊杆设计。

石门水库大桥设计荷载等级为公路-Ⅰ级，设计行车速度80km/h，地震基本烈度为Ⅶ度。桥面宽度32.0m，双向六车道。

石门水库大桥两岸分别紧接石门隧道和牛头山隧道，场地狭小，缆索吊与引桥、隧道和拱座施工多级交叉。宝鸡岸采用扣吊塔合一的索塔，汉中岸无扣塔，利用隧道锚同时锚固缆索和扣索。

▼▼▼ 石门水库大桥施工图

14 湖北南里渡大桥
The Nanlidu Bridge in Hubei Province

南里渡大桥位于湖北省恩施自治州恩施市境内，跨越清江支流马水河，是318国道上的一座大桥，也是沪蓉国道主干线替代方案宜昌至利川段改建二级公路工程中的一项重点工程。该桥于2004年9月20日开工建设，2009年11月30日建成通车。

桥址区两岸地势陡峭，峡谷呈U形，利川岸为悬空的陡崖，大桥桥面距谷底高差160m。

南里渡大桥主桥为净跨径220m的上承式钢管混凝土拱桥，净矢高f_0=44.0m，矢跨比1/5，拱轴系数m=1.756。主拱圈采用等宽

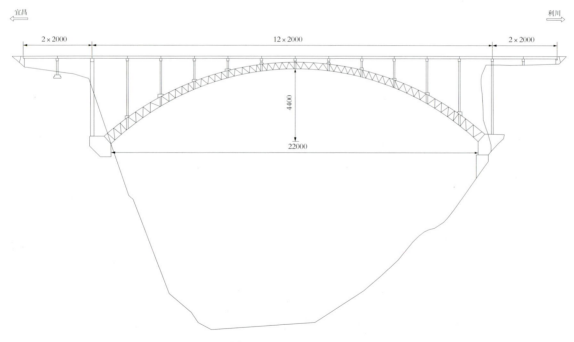

▲ **南里渡大桥立面布置图**（尺寸单位：cm）

▲ 南里渡大桥实景图

变高四肢格构式拱，拱顶和拱脚截面高分别为 4.0m 和 6.0m（中到中），横桥向两片拱肋间距 7.4m（中到中）。拱肋上、下弦钢管 ϕ920mm×14mm，管内灌注 C60 自密实微膨胀混凝土。平联为 ϕ355.6mm×7mm 钢管。拱上立柱采用钢管混凝土排架结构，每个排架由 8 根 ϕ355.6mm×8mm 钢管混凝土柱组成。盖梁为钢筋混凝土 π 形截面，宽 1.865m，高 1.2m。桥面系采用 20m 钢筋混凝土简支 T 梁。

南里渡大桥设计荷载等级为汽车-超 20 级，挂车-120，人群荷载 3.5kN/m^2；抗震设防烈度为Ⅷ度。桥面全宽 13.2m，行车道宽 9.0m。该桥 2003 年获铁道部优质工程奖。

15 贵州夜郎湖大桥
The Yelanghu Bridge in Guizhou Province

夜郎湖大桥位于贵州省安顺市普定县境内,横跨夜郎湖,是 S55 赤水至望谟高速公路织金至普定段上的一座大桥。该桥于 2016 年 6 月开工建设,目前仍在施工中。

桥区位于黔西高原与黔中高原过渡带,两岸纵、横坡均较陡,轴线地表高程在 1171.48~1227.90m 之间,相对高差 56.32m。桥位区属长江流域之乌江水系,最高洪水位 1142.0m。大桥桥面距水面 86m。

夜郎湖大桥主桥为净跨径 210m 的钢筋混凝土箱形拱桥,净矢高 f_0=42m,矢跨比 1/5,拱轴系数 m=1.67。主桥分左、右两幅,每幅主拱圈均为单箱单室截面,宽 7.0m,高 3.5m。主拱圈采用挂篮悬臂浇筑与劲性骨架组合施工法,除位于拱脚的 1 号节段支架现浇外,其余 2~14 号节段采用悬臂浇筑施工,跨中设 30.944m 劲性骨架合龙段。标准节段顶、底板厚 40cm,腹板厚 50cm,拱脚现浇段顶、底板厚度由 40cm 渐变至 80cm,腹板厚度由 50cm 渐变至 80cm。劲性骨架主弦杆由厚 3cm 的钢板焊接成工字形截面,顶、底板各设 4 个;竖腹杆、斜腹杆、横联和斜撑均由 4 片 L100mm×80mm×10mm 的角钢组成。拱上立柱采用双柱式,采用 140mm×120mm 和 120mm×120mm 两种截面。

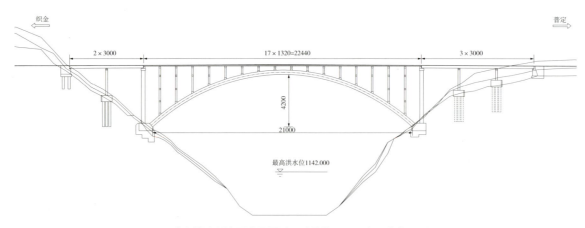

▲ **夜郎湖大桥立面布置图**(尺寸单位:cm;高程单位:m)

PART FOUR

第四篇 拱 桥

夜郎湖大桥设计荷载等级为公路-Ⅰ级,设计行车速度80km/h,抗震设防烈度为Ⅶ度。桥面宽度21.25m,双向四车道。

夜郎湖大桥是国内首座同时采用悬臂浇筑和劲性骨架法施工的拱桥,也是国内第一座大跨度单箱单室钢筋混凝土拱桥。

▼ 夜郎湖大桥效果图

16 重庆涪陵乌江大桥
The Wujiang Bridge of Fuling District in Chongqing Municipality

涪陵乌江大桥位于重庆市涪陵区长江与乌江汇合处，是S103渝巴线上一座大桥。该桥于1985年12月29日开工建设，1989年6月20日竣工。大桥在20世纪80年代末是亚洲跨径最大的转体施工箱型拱桥，对促进三峡库区腹地区域经济发展有极其重要的作用。

涪陵乌江大桥主桥为净跨径200m的钢筋混凝土箱形拱桥，净矢高f_0=50.0m，矢跨比1/4，拱轴系数m=2.328，桥梁高度80m。主拱圈为单箱三室截面，高3.0m。桥面板为13×15.8m预应力混凝土简支空心板；引桥为4×15.8m（涪陵）+3×15.8m+10m（石柱）预应力混凝土简支空心板桥；引桥桥墩及拱上立柱均为双柱式排架，材料为现浇钢筋混凝土，两岸桥台为重力式桥台，材料为浆砌块石。

涪陵乌江大桥设计荷载等级为汽车-20级，挂车-100，人群荷载3.0kN/m²。桥面布置为9.0m（车行道）+2×1.5m（人行道），全宽12.0m。

涪陵乌江大桥主拱圈采用双箱对称同步转体施工法，不设缆塔，

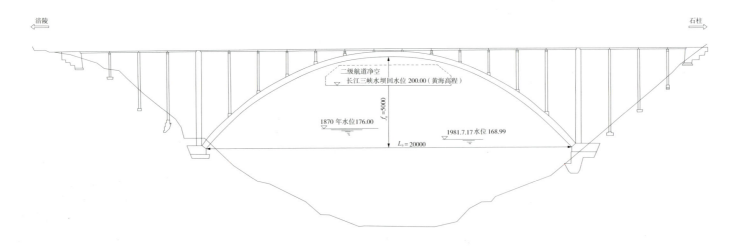

▲ **涪陵乌江大桥立面布置图**（尺寸单位：cm；高程单位：m）

PART FOUR

第四篇 拱 桥

缆索直接锚于两岸山上。主拱圈两边箱采用四板组合成箱工艺，分为 2×2 个半跨，分别预制。同侧的两个半跨对称同步转体施工是靠固定在每片边箱拱顶端的缆风及预设的上、下转轴偏心值进行转动的。转动开始时，上、下游缆风同步放索直至拱箱就位并合龙。缆风走索速率靠两台无级调速卷扬机控制。

◀ 涪陵乌江大桥实景图

17 重庆细沙河大桥
The Xishahe Bridge in Chongqing Municipality

细沙河大桥位于重庆市酉阳县境内，跨越阿蓬江一级支流细沙河，是 G65 包头至茂名高速公路重庆境内大涵至黔江段上的一座大桥。

桥位处属剥蚀岩溶低山地貌，地貌受地质构造、岩性控制明显，主要为构造剥蚀地貌、侵蚀地貌、溶蚀地貌等。桥址区地形起伏很大，两岸悬崖陡壁近于直立，相对高差 120～250m。细沙河大桥桥梁高度 288m。

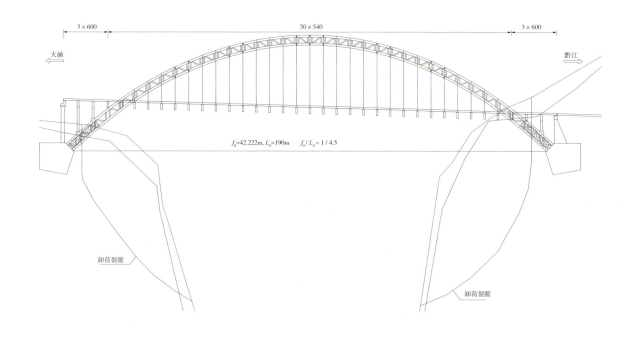

▲ 细沙河大桥立面布置图（尺寸单位：cm）

PART FOUR
第 四 篇　拱　桥

◀ 细沙河大桥实景图

细沙河大桥主桥为净跨径190m的中承式钢管混凝土拱桥，净矢高 f_0=42.222m，矢跨比1/4.5，拱轴系数 m=1.347。主拱圈采用等截面四肢格构式拱，截面高4m（中到中），单个拱肋宽2.1m（中到中），横桥向两片拱肋间距26.6m（中到中）。拱肋上、下弦采用 ϕ850mm×14mm钢管，管内灌注C50自密实微膨胀混凝土，拱脚附近4根钢管间用混凝土填实，形成实体结构。腹杆采用 ϕ400mm×10mm钢管，弦管平联采用 ϕ400mm×10mm钢管。两道拱肋之间设七道横撑以保证拱肋横向稳定。吊杆间距5.4m，桥面系由预制钢筋混凝土小T梁及横梁组成。

细沙河大桥设计荷载等级为公路-Ⅰ级，设计行车速度80km/h，设计基本地震动加速度峰值为0.05g。桥面宽度24.5m，双向四车道。

18 湖北无源洞大桥
The Wuyuandong Bridge in Hubei Province

无源洞大桥位于湖北省巴东县境内，跨越无源沟，是 Y078 巴东至秭归南线淹没段复建工程中的一座大桥。该桥于 1995 年 12 月至 1996 年 5 月完成设计，1999 年 1 月 28 日建成通车。大桥建成后使省道宜巴公路全线贯通，成为当时连接巴东、秭归、宜昌的最便捷的通道，为当地经济发展起到了至关重要的作用。

桥址区位于巴东老城上方东约 1km 的长江岸边，其南岸岸坡总体

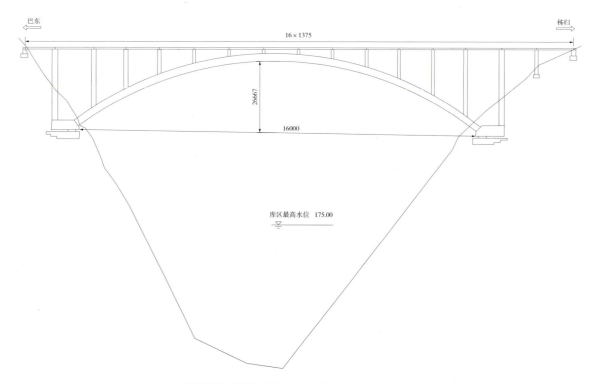

▲ **无源洞大桥立面布置图**（尺寸单位：cm；高程单位：m）

PART FOUR

第四篇 拱 桥

为向北倾斜的顺向坡，桥位区冲沟近似呈反 S 形，总体流向由南而北，切割深 80～130m，冲沟横截面呈不对称的 V 形，沟两壁异常陡峻，多为悬崖峭壁。无源洞大桥桥面至水面高度 180m。

无源洞大桥为净跨径 160m 的上承式劲性骨架钢筋混凝土拱桥，净矢高 $f_0=26.667m$，矢跨比为 1/6，拱轴系数 $m=1.543$。主拱圈为单箱三室截面，高 2.8m，宽 9.05m，采用 50 号混凝土。劲性骨架由四片主桁面组成，上、下弦管采用 $\phi 299mm \times 12mm$ 钢管，钢管内灌注 50 号微膨胀混凝土。腹杆采用 $\phi 140mm \times 8mm$ 钢管。拱上立柱为现浇的钢筋混凝土双柱式排架结构。桥面系为 13.75m 钢筋混凝土空心板。

无源洞大桥设计荷载等级为汽车 -20 级，挂车 -100，人群荷载 3.5kN/m²；抗震设防烈度为 Ⅶ 度。桥面布置为 1.5m（人行道）+9m（行车道）+1.5m（人行道）。

无源洞大桥施工集劲性骨架法和转体施工法于一身，在峡谷两壁与桥轴线呈 160°方向上平整场地设置劲性骨架拱胎及支架，按整体坐标放样，将钢管及型钢焊接成两个半拱骨架，之后两岸同步平转对接合龙。

◀◀ **无源洞大桥实景图**

19 贵州马蹄河大桥
The Matihe Bridge in Guizhou Province

马蹄河大桥位于贵州省铜仁市德江县境内，斜跨乌江支流马蹄河，是 S25 沿榕高速公路和沿德高速公路上的一座大桥。该桥于 2013 年 11 月开工建设，2015 年 12 月建成通车。

桥址区地处大娄山脉与武陵山脉接壤部位，地形地貌受地质构造及岩性的制约较大，山脉连绵起伏，属构造剥蚀、溶蚀低山——河流侵蚀地貌。区内地势总体上呈中间低东西两侧高，即两山夹一槽（河流）的地貌形态。切割河流横断面呈深 U 形，垂直高差约 160m。马蹄河大桥桥梁高度 167m。

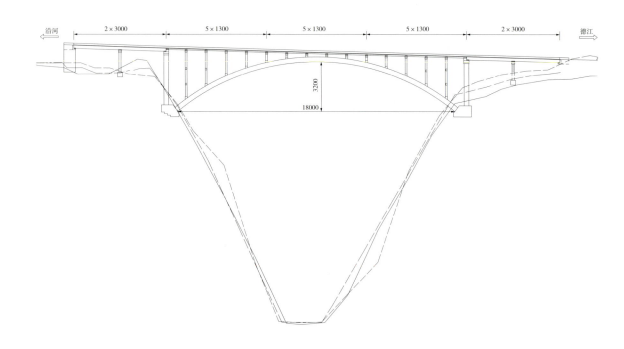

▲ 马蹄河大桥立面布置图（尺寸单位：cm）

▲ 马蹄河大桥实景图

马蹄河大桥主桥为净跨径 180m 的钢筋混凝土箱形拱桥，净矢高 f_0 =32m，矢跨比 1/5.625，拱轴系数 m=1.988。主桥分左、右两幅，主拱圈均为单箱双室截面，宽 7.5m，高 3.3m。标准节段的顶板、底板和中腹板厚度均为 30cm，边腹板厚 45cm。拱脚与拱座连接处设置厚 80cm 的实心段。拱上排架为双柱式，采用 130mm×120cm、120mm×120cm 和 100mm×100cm 三种截面。主桥桥面系为 13m 简支空心板。主拱圈采用挂篮悬臂浇筑法施工。

马蹄河大桥设计荷载等级为公路-Ⅰ级，设计行车速度 80km/h，抗震设防烈度为Ⅶ度。行车道净宽度为 2×9.625m，双向四车道。

20 贵州海马大桥
The Haima Bridge in Guizhou Province

海马大桥位于贵州省修文县与金沙县两县交界处，是贵州省骨架公路网规划中"二纵"和"一横"之间黔北联络线 X186 上的一座大桥。海马大桥建成后，是金沙煤炭资源运往贵阳的主要通道，也是促进修文县、金沙县发展区域经济的一座重要桥梁。该桥于 2010 年 7 月开工建设，2015 年 12 月建成。

桥位属于扬子准地台黔北台隆遵义断拱内的毕节北东向构造变形区，地质构造较为简单，桥区河谷深切。大桥跨越乌江干流，桥面距水面高度 132m。

海马大桥主桥为净跨径 180m 钢筋混凝土箱形拱桥，净矢高 f_0=32.727m，矢跨比 1/5.5。拱轴线为经优化后的悬链线通过五点重合拟合

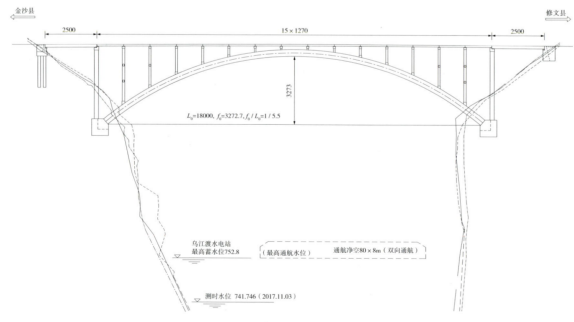

▲ 海马大桥立面布置图（尺寸单位：cm；高程单位：m）

PART FOUR

第四篇 拱 桥

而成的圆曲线。主拱圈为单箱三室截面，高 3.2m，宽 7.8m，顶、底板厚 25cm，边箱外侧腹板厚 25cm，边箱内侧腹板和中箱腹板预制厚 13cm，采用缆索吊装悬臂拼装法施工。单条拱肋分 18 个吊装节段，全桥共分 54 个节段，合龙段长 76cm，接头采用工字钢劲性骨架连接，后浇筑合龙段混凝土。拱上立柱为三柱式排架或横墙。立柱顺桥向采用 120cm、100cm 和 70cm 三种宽度，横桥向宽度均为 70cm。

海马大桥设计荷载等级为公路-Ⅰ级，人群荷载 2.5kN/m²，设计行车速度 40km/h。桥面宽度 11.5m，双向两车道。该桥是目前国内跨度最大的圆弧钢筋混凝土拱桥。

▼ 海马大桥实景图

21 云南化皮冲大桥
The Huapichong Bridge in Yunnan Province

化皮冲大桥位于云南省玉溪市峨山县境内，是 G8511 昆明至磨憨高速公路玉溪至元江段上的一座大桥。该桥于 1997 年开工建设，1999 年 12 月建成通车。

桥位处两岸地形较为陡峭，地质风化严重，强风化层深达 20~50m 不等，岩体破碎，承载能力较低。化皮冲大桥桥梁高度 75m。

化皮冲大桥主桥为计算跨径 180m 的劲性骨架箱肋拱桥，矢高 f=32.727m，矢跨比 1/5.5，拱轴系数 m=2.24，经优化比选后得到。两岸引桥分别为 7×20m 和 2×20m 预应力混凝土空心板，全桥总长 412.5m。拱圈横桥向由 4 片箱肋组成，单肋箱高 3.5m，宽 2m。箱肋中心间距 5.5m，肋间由 8 根系梁连接为整体，以增强拱圈横向稳定性。

每个箱肋劲性骨架由 4 根 ϕ 299mm×12mm 热轧无缝钢管为弦管，以 L100mm×100mm×8mm 热轧等边角钢为腹杆及平联杆，通过节点板焊接而成，所有材质均为 16Mn 钢。劲性骨架合龙后，钢管内灌注 40 号混凝土，形成钢管混凝土劲性骨架。拱上立柱采用排架式，纵向宽度 0.9m，以利于各部结构内力分配。桥面系采用预制空心板，桥面连续。由于地基承载力低，该桥采用群桩基础配以刚性承台来平衡主拱反力，并兼作主桥和引桥过渡墩基础。

化皮冲大桥设计荷载等级为汽车-超 20 级，挂车-120，桥面宽度 21.5m，大桥处于Ⅷ度地震区，按Ⅸ度设防。化皮冲大桥是云南第一座大跨径钢管混凝土劲性骨架箱肋拱桥，2003 年获云南省度优质工程一等奖。

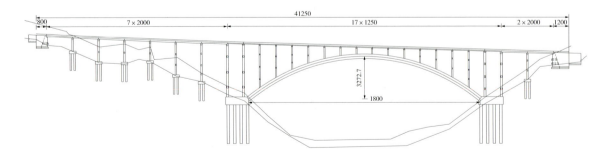

▲ 化皮冲大桥立面布置图（尺寸单位：cm）

化皮冲大桥实景图

22 贵州木蓬大桥
The Mupeng Bridge in Guizhou Province

木蓬大桥位于贵州省铜仁市石阡县境内，是 S25 沿榕高速公路思南至剑河段上的一座大桥。该桥于 2010 年 10 月开工建设，2012 年 7 月合龙。

桥址地处云贵高原向湘西丘陵及广西丘陵过渡的斜坡地带，地貌类型属构造侵蚀、溶蚀型低山地貌。桥位跨越一溪沟，附近有县道通过，交通较好。桥轴线通过段地面高程在 589.99～696.85m 之间，相对高差 106.86m。两岸地形纵坡较陡，桥区中部为 U 形沟谷。木蓬大桥桥面距谷底高度约 107m。

木蓬大桥主桥为净跨径 165m 的钢筋混凝土拱桥，净矢高 $f_0=30m$，矢跨比 1/5.5，拱轴系数 $m=1.988$。两岸分别为 2×30m 和 4×30m 的 T 梁。主拱圈为等高度箱形截面，截面宽 7.5m，高 2.8m。拱脚支架现浇段由拱脚至节段端头顶、底板厚度由 60cm 渐变至 30cm，边腹板厚度由 50cm 渐变至 35cm，中腹板厚度由 50cm 渐变至 25cm；拱顶合龙段顶、底板厚度为 30cm，边、中腹板厚度为 40cm；其余节段顶、底板厚度为 30cm，边腹板厚度 35cm，中腹板厚度 25cm。拱上立柱采用双柱式或横墙。拱上共设置 13 孔 13.2m 预应

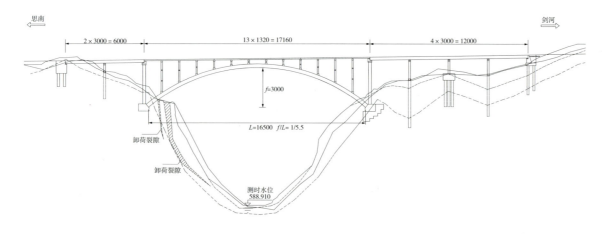

▲ 木蓬大桥立面布置图（尺寸单位：cm；高程单位：m）

PART FOUR

第四篇 拱桥

力混凝土空心板，分三联布置。

木蓬大桥设计荷载等级为公路-Ⅰ级，设计行车速度80km/h，抗震设防烈度为Ⅶ度，行车道净宽度为2×9.5m。

木蓬大桥主拱圈采用塔架斜拉扣挂悬臂浇筑法施工。拱圈纵向共分为27个节段，其中两岸拱脚位置1号节段为支架现浇段，拱顶设一个吊架浇筑合龙段，其余24个节段为悬浇段。木蓬大桥是贵州省第一座采用挂篮悬臂浇筑施工的拱桥，因施工工艺复杂、科技含量高，被贵州列为科技型桥梁。

▼ 木蓬大桥实景图

23 四川索子沟大桥
The Suozigou Bridge in Sichuan Province

索子沟大桥位于四川省甘孜藏族自治州泸定县大渡河长河坝水电站库区，是 S211 线复建公路上的一座大桥。该桥于 2007 年 11 月开工，2012 年 9 月通车。

桥址区位于川藏高原东缘向四川盆地过渡的地带，区内地貌类型属构造侵蚀高山峡谷地貌。受水流的强烈切割作用，索子沟沿河两岸具有山势陡峻、水流湍急的特点，河谷断面形态呈 V 字形，沟内水深最大

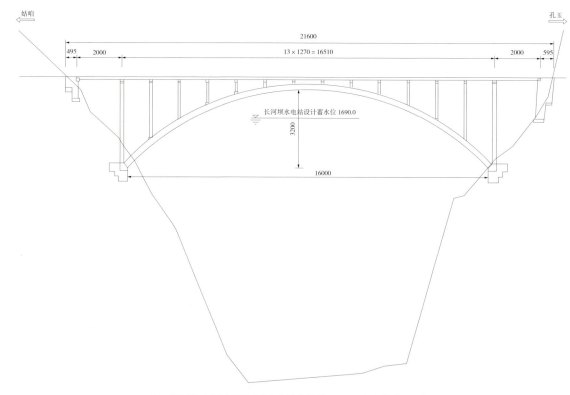

▲ **索子沟大桥立面布置图**（尺寸单位：cm；高程单位：m）

PART FOUR
第四篇 拱 桥

0.5m，设计水位由长河坝水电站正常蓄水位控制。索子沟大桥桥面距水面高度约 123m。

索子沟大桥主桥为净跨径 160m 的上承式钢筋混凝土箱形拱桥，净矢高 f_0=32m，矢跨比 1/5，拱轴系数 m=1.89。主拱圈采用等高度箱形截面，截面高 2.6m，宽 9.5m，横向由 5 片拱箱组成，每片分成 7 个节段吊装合龙。由于电站蓄水位较高，部分拱圈浸没在水中，浮力作用影响较大，拱圈中必须开孔进水。拱上建筑为钢筋混凝土排架（横墙）和跨径 12.7m 的钢筋混凝土简支空心板。两岸引孔均为 20m 钢筋混凝土简支空心板。

索子沟大桥设计荷载等级为公路-Ⅱ级，设计洪水频率 1/100，地震动峰值加速度 0.186g，桥面宽度 8.5m（净宽 7.5m+2×0.5m 防撞护栏）。

▶ 索子沟大桥实景图

24 重庆罗岩大桥
The Luoyan Bridge in Chongqing Municipality

罗岩大桥位于重庆市彭水县境内，跨越芙蓉江支流冬瓜溪，是 S313 石柱至务川公路上的一座大桥。

桥址区位于武陵山区，沟谷下切较深，地形陡峭，地面坡度局部接近 90°。罗岩大桥桥梁高度 120m。

罗岩大桥为净跨径 140m 的上承式混凝土箱形拱桥，净矢高 f_0=28.0m，矢跨比 1/5，拱轴系数 m=1.756，正拱斜置。主拱圈为等高度箱形截面，拱圈高 2.40m，宽 7.46m，由 5 个箱组成，材料为 C50 混凝土。主拱圈采用缆索吊装法施工，预制 U 形拱肋高 2.2m，单肋分 7 个吊装节段，单节最大吊装质量（拱脚段）59.0t，施工时 U 形箱肋按双基肋合龙松索方式成拱。拱上立柱采用 1.0m×1.0m 钢筋混凝土

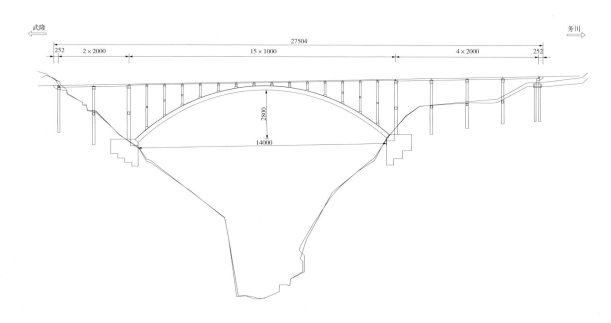

▲ 罗岩大桥立面布置图（尺寸单位：cm）

PART FOUR

第四篇 拱 桥

▲ 罗岩大桥实景图

方柱。桥面系采用先简支后桥面连续 10m 空心板梁。

罗岩大桥设计荷载等级为公路 - Ⅱ级，设计行车速度 40km/h，抗震设防烈度为Ⅶ度。桥面宽度 9m，双向两车道。

25 山西丹河大桥
The Danhe Bridge in Shanxi Province

丹河大桥位于山西省晋城市泽州县境内，是 G5512 晋城至新乡高速公路上的一座大桥。该桥于 1997 年 11 月开工建设，2000 年 7 月建成。

桥区地处太行山脉南端，为低山沟谷地貌，地形起伏大。河谷受河水侵蚀，断面呈 U 形。谷底发育河漫滩，晋城岸山势陡峻，基岩基本裸露，焦作岸阶地发育。丹河属黄河水系，水量受气候和降水影响，具有明显的夏雨型和山地型特性，枯水期流量少，洪水期流量大。丹河大桥桥面距水面高度 80.6m。

丹河大桥为 (2×30+146+5×30)m 石拱桥，桥梁全长 413.17m，主孔净跨径 l_0=146m，净矢高 f_0=32.444m，矢跨比 1/4.5，拱轴系数 m=2.3。主拱圈采用变截面无铰拱，拱顶截面高 2.5m，拱脚截面高 3.5m，拱厚系数 n=0.5225，采用 40 号小石子混凝土砌 100 号大料石。主桥拱上建筑采用全空腹式结构，共 14 孔；腹拱净跨径 l_0=9.4m，净矢高 f_0=2.68m，矢跨比 1/3.5，腹拱厚 0.6m。引桥采用等截面空腹式悬链线石拱，拱轴系数 m=2.814，引桥净跨径 l_0=30m，净矢高 f_0=7.5m，矢跨比 1/4，拱圈高度 1.0m。引桥拱上建筑采用空腹式结构，腹拱净跨径 l_0=3.6m，净矢高 f_0=1.2m，矢跨比 1/3，腹拱厚 0.4m。下部结构采用石砌重力式墩台。桥梁栏杆由 200 多幅表现晋城历史文化的石雕图与近 300 个传统的石狮子组成。

丹河大桥拱圈施工采用结构受力明确、稳定性与安全度高、施工

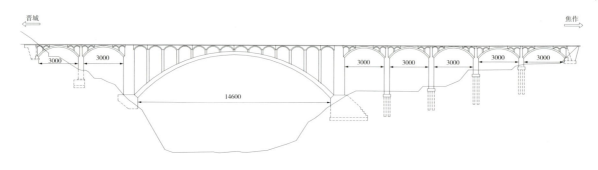

▲ 丹河大桥立面布置图（尺寸单位：cm）

PART FOUR
第四篇　拱　桥

▲ 丹河大桥实景图

速度快、设备重复利用率高的空间排架式钢拱架，拱盔部分采用圆松木排架与弓形木及模板，卸架设备采用传统的单木楔与组合木楔。

丹河大桥设计荷载等级为汽车-超20级，挂车-120，人群荷载3.5kN/m²；设计行车速度60km/h。桥面宽度24.8m，双向四车道。

26 湖南天子山大桥
The Tianzishan Bridge in Hunan Province

天子山大桥位于湖南省永州市双牌县境内,是永连公路上的一座大桥。该桥于 2001 年春季开工建设,2002 年建成通车,历时一年半。

桥址区位于天子山峡谷,两岸岸坡险峻,谷深大于 100m,宽约 200m,是典型的 V 形峡谷。桥址区域地质构造发育影响其边坡稳定性,两岸为岩质边坡,系粉砂岩夹石英砂岩。山谷年最高气温 32℃,最低气温-5℃,全年一半时间为雨雾天气,冬季大多为冰冻寒冷天气。大桥桥面距谷底高差 101m。

天子山大桥为计算跨径 125m 的钢管混凝土桁式组合拱桥,计算

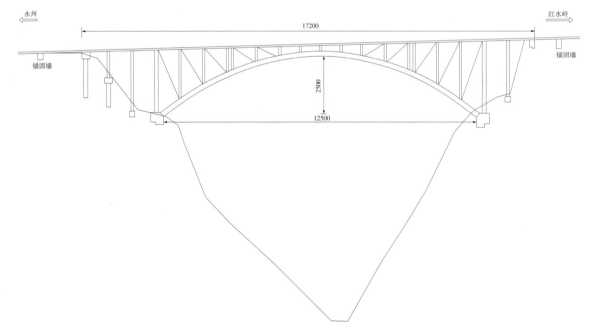

▲ **天子山大桥立面布置图**(尺寸单位:cm)

PART FOUR
第四篇 拱 桥

矢高 $f = 25$m，矢跨比 1/5。钢管拱肋采用哑铃形截面，高 2.0m，宽 1.0m，单肋截面由 2 根 $\phi 1000$mm×12mm 钢管组成。竖腹杆采用箱形截面双柱式排架结构，截面尺寸为 800mm×800mm。竖腹杆顶端和相临竖腹杆根部用斜拉索相连，形成受拉的斜腹杆。上弦截面由预制边肋、现浇中板和悬臂板组成，全宽 12m。两岸边孔分别为（7+2×9）m 和（9+8）m 连续结构，均采用门式刚构。边孔上弦截面与主孔上弦相同。两岸桥台基础形式受地形、地质条件限制，布置在离谷底深约 75m 的陡坡上。天子山大桥两岸边孔采用支架法现浇，主孔采用桁架伸臂法悬拼架设。

天子山大桥设计荷载等级为汽车 -20 级，挂车 -100；桥面宽度 12m，全桥设 2.6% 单向纵坡。

▶ 天子山大桥实景图

27 贵州龙塘河大桥
The Longtanghe Bridge in Guizhou Province

龙塘河大桥位于贵州省遵义市务川县境内，跨越石丫子水库库区龙塘河，是乡道 Y014 都濡镇至大坪镇上的一座大桥。该桥于 2014 年开工建设，2016 年建成通车。

龙塘河河谷为 V 形发育，谷宽 120~150m，岸坡坡度约为 75°，两侧向上为缓坡或谷地，地形平缓。大桥桥位轴线通过段高程为 472～563.46m，相对高差 91.46m，桥面距低水位高度约 91.5m。

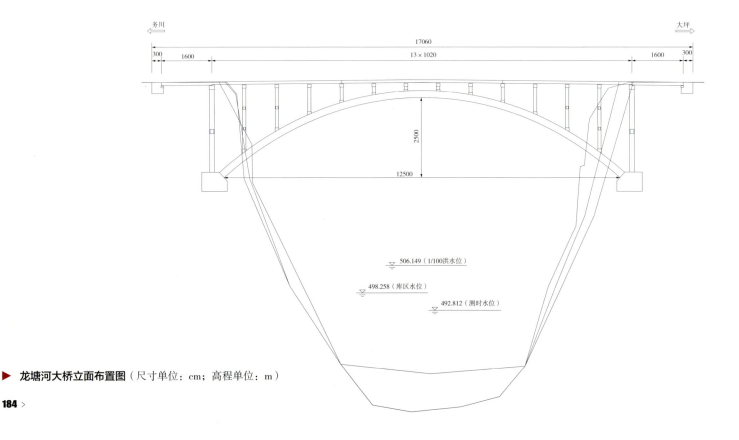

▶ **龙塘河大桥立面布置图**（尺寸单位：cm；高程单位：m）

PART FOUR

第四篇 拱 桥

龙塘河大桥为净跨径125m的钢筋混凝土箱形拱桥，净矢高f_0=25m，矢跨比1/5，拱轴系数m=1.756。主拱圈采用单箱双室截面，截面高2.2m，宽7.0m，腹板厚35cm，顶、底板厚25cm。在立柱下方及两立柱中间处的拱箱内均沿拱圈径向设置横隔板，板厚30cm。主拱圈采用悬拼拱架现浇法施工。拱上立柱为三柱式钢筋混凝土排架结构，均为1.0m×0.8m的矩形实心截面，柱间中心距3.05m。拱脚附近最高的两个立柱排架柱间设2道0.8m×0.8m的横系梁，第二高的两个立柱排架柱间设1道0.8m×0.8m的横系梁。盖梁标准断面1.2m×1.2m。桥面系布置13×10.2m的钢筋混凝土简支空心板，两岸边跨均为16m预应力混凝土空心板。

龙塘河大桥设计荷载等级为公路-Ⅰ级，人群荷载3.0kN/m²；桥面全宽9.5m，行车道净宽7.0m。

▶ 龙塘河大桥实景图

28 贵州珍珠大桥
The Zhenzhu Bridge in Guizhou Province

珍珠大桥位于贵州省遵义市务川县境内，跨越垂直落差达110m的洋冈河山谷，是X350务川至彭水公路贵州段上的一座大桥。

珍珠大桥为净跨径120m的钢筋混凝土箱形拱桥，净矢高f_0=17.142m，矢跨比1/7，拱轴系数m=1.756。主拱圈采用等高度单箱三室截面，高2.1m，宽10.0m，顶、底板厚度从起拱线至拱上腹孔②号排架段为30cm，拱上腹孔②号排架至拱顶段为25cm，腹板厚度均为30cm。

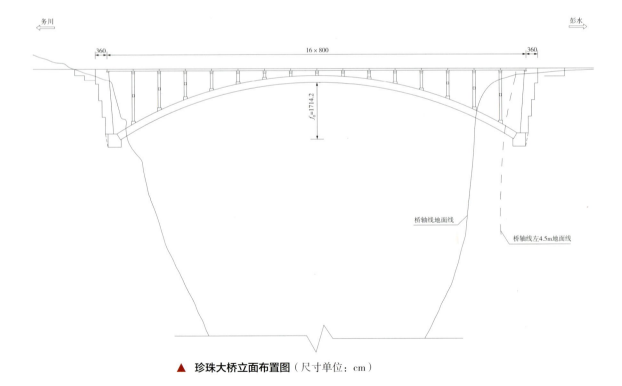

▲ 珍珠大桥立面布置图（尺寸单位：cm）

PART FOUR
第四篇　拱　桥

拱上立柱为四柱式排架或横墙。排架或横墙下端顺桥向前后设简易铰，并对钢筋作防锈处理。横墙中间留有检查通道。桥面系采用 8m 钢筋混凝土空心板，板厚 45cm，共 16 跨。桥位所在地区地震基本烈度为Ⅵ度，拱上腹孔、车道板均在一端设置防震锚栓。

珍珠大桥设计荷载等级为汽车 -20 级，挂车 -100，人群荷载 3.0kN/m²；设计行车速度 30km/h；桥面宽度 12.5m。

由于洋岗河两岸是百余米高的悬崖，地势狭小，珍珠大桥采用负角度竖转施工工艺。在悬崖边上浇筑混凝土拱座，在拱脚处设置竖直旋转铰（轴承），然后在旋转铰上竖直浇筑半跨 62.09m 高的拱体，浇筑好的拱体与地面呈 71.745°。旋转体边箱宽 3.867m，半个边箱质量达 610t，拱顶留有 4m 合龙段。

◀ 珍珠大桥实景图

29 湖南乌巢河大桥
The Wuchaohe Bridge in Hunan Province

乌巢河大桥位于湖南省凤凰县境内，跨越沱江源头乌巢河峡谷，是县道 X034 上的一座大桥。桥东是高耸天半的大马山，桥西是直插霄汉的骆驼山。该桥于 1989 年动工，1990 年建成通车，历时 570 天。

乌巢河大桥为净跨 120m 的上承式双石肋拱桥，净矢高 f_0=24m，矢跨比 1/5，拱轴线 m=1.543。大桥全宽 8m，全长 241m，桥梁高度 42m。拱肋宽 2.5m，高 1.6m，采用小石子混凝土砌筑 100 号块石，块石为青灰色白云岩。肋间设 8 道钢筋混凝土横系梁。拱上腹拱为（4×13+12+4×13）m，南、北引桥分别设 3×13m 和 2×13m（施工中改为 1×15m）连拱，使全桥结构比例协调、线形美观。

乌巢河大桥在大断层地质禁区架桥，被认为"开创了公路大石拱桥的新水平"，取得了四项科技成果：①采用帷幕灌浆处理地基，打破了断层地带不能修建大桥的常规；②双石肋全空式结构比传统的石板拱结构节省圬工体积 42.5%；③创造了叠桁落地式拱架，刚度大、稳定性好、安全可靠，节约木材 62%；④成功采用裸拱卸架，打破了大跨径石拱桥不能裸拱卸架的常规，节省拱上建筑拱架木材 500m³，节约材料费 20 万元。

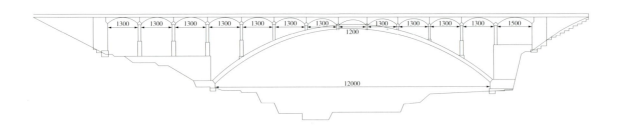

▲ 乌巢河大桥立面布置图（尺寸单位：cm）

PART FOUR
第四篇 拱桥

▲ 乌巢河大桥实景图一

中国公路峡谷大桥 CHINA HIGHWAY CANYON BRIDGES

▲ 乌巢河大桥实景图二

乌巢河大桥的建成，构成了深山苗寨的一大景观，是我国建桥史上浓墨重彩的一笔。在当时，该桥建设造价仅 109 万元。

乌巢河大桥设计荷载等级为汽车 - 15 级，挂车 -80，桥面净宽 7m，两侧各设净宽为 0.5m 的安全带。

PART FOUR
第四篇 拱 桥

30 湖南红星大桥
The Hongxing Bridge in Hunan Province

红星大桥位于湖南省炎陵县境内，是省道 S322 线车楠公路上的一座大桥。该桥于 1967 年 3 月开工建设，1967 年 12 月建成通车。

桥位两岸地形狭窄险峻，树木繁茂，桥下流水潺潺。红星大桥以河谷两岸悬崖为墩台，单孔跨越斜濑水，桥面距水面高度约 67m。

红星大桥为净跨径 107.36m 的双曲拱桥。桥身采用向日葵式拱上构造，依地形布置双层腹拱，腹拱跨径分别为 24.5m、9m 和 7m。大桥全长 155.8m，主拱轴线采用 6 次抛物线与恒载压力曲线吻合，拱上 24.5m 的腹拱采用三铰双曲拱，左右采用 8 次抛物线的不对称拱线。红星大桥为湖南省第一座双曲拱桥，也是当时亚洲最大跨度的单孔桥和亚洲第二高桥。

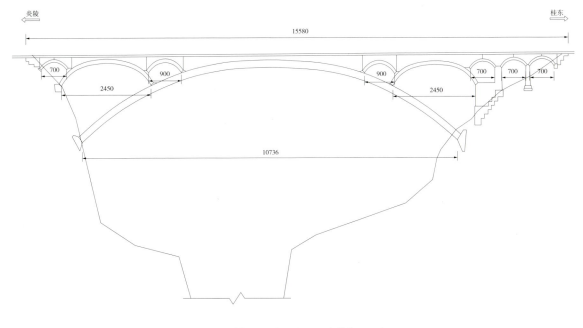

▲ 红星大桥立面布置图（尺寸单位：cm）

红星大桥设计荷载等级为汽车-13级，拖车-60级，桥面宽度8.2m。2005年，炎陵县公路局对大桥进行了修缮，不仅对桥体进行了加固，还忠实地反映了大桥原貌，修缮后的红星大桥成为S322省道上一道亮丽的景观。

▲▼ 红星大桥实景图

PART FOUR
第四篇 拱 桥

31 湖南仙仁大桥
The Xianren Bridge in Hunan Province

仙仁大桥位于湖南省保靖县境内，是保靖（仙仁）至古丈（断龙）公路上的主要桥梁，也是保靖县与枝柳铁路衔接公路里程最短线路上的控制性工程。该桥于 1986 年 12 月 20 日开工，1988 年 10 月 7 日合龙，1989 年 5 月竣工，历时 30 个月。

桥址区山势陡峻、沟谷深切，纵横交错，渺无人烟，地势十分险要，施工场地极为狭窄，施工条件极为艰苦。古丈县于 1980 年在桥址下游 2km 处的唐家河上修建了白溪关水电站，受库容水位影响，桥位水深长年保持在 30m 左右，河面宽度超过 90m。大桥桥面距河底的相对高度为 56.5m。

仙仁大桥为净跨径 80m 的刚架拱桥，净矢高 f_0 =13.33m，矢跨比 1/6，总长 140m。主拱由三片刚架拱片组成。刚架拱片采用工字形截面，由弦杆、拱腿、斜撑和实腹段等组成，其高度分别为 1.0m、0.7m、1.2m 和 3.3~0.9m。下部结构采用前倾值为 5∶1 的前倾式桥台，采用强度不低于 600 号的粗料石（块石）浆砌而成。主孔两端各设净跨 10m 的石拱桥作为引桥。

仙仁大桥设计荷载等级为汽车 -15 级，挂车 -80。桥面净宽 7m，

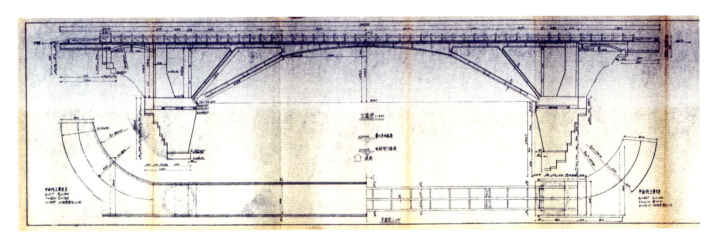

▲ 仙仁大桥立面布置图纸

▲ 仙仁大桥实景图

两侧各设净宽 0.5m 的安全带。

　　该桥采用平衡配重转体施工工艺,是当时国内最大的一座转体施工的刚架拱桥;采用石灰石机制砂制备混凝土,标号达 400 号以上;采用前倾式桥台,缩短桥跨,降低了工程造价,收到了良好效果。在没有专业施工队伍、缺少缆绳吊装等各种因素下,广大农民工积极配合大桥建设者克服了重重困难,建成了当时国内具有先进水平的现代化转体式刚架拱桥,为促进保靖、古丈两县的经济社会发展,改善人民群众生活发挥了巨大的作用。

PART FIVE

CHINA HIGHWAY CANYON BRIDGES

第五篇

梁 桥

CHINA HIGHWAY CANYON BRIDGES

中国公路峡谷大桥

PART FIVE
第五篇 梁 桥

1 贵州水盘高速公路北盘江大桥
The Beipanjiang Bridge of the Shui-Pan Expressway in Guizhou Province

水盘高速公路北盘江大桥位于贵州省六盘水市水城县境内，是 S77 水城至盘县高速公路上的一座大桥。该桥于 2009 年 8 月开工，2013 年 5 月 31 日合龙。

桥址区位于北盘江峡谷地带，地貌属于岩溶峰丛及河流侵蚀区，地面起伏大，高程变化剧烈。桥梁跨越 V 形河谷，两岸为典型的喀斯特地质，盘县岸发现多达 5 层的溶洞。北盘江大桥桥面距最低水位 243m。

水盘高速公路北盘江大桥主桥为（82.5+220+290+220+82.5）m 预应力混凝土空腹（斜腿）式连续刚构桥，引桥采用先简支后结构连续或刚构的预应力混凝土 T 梁。290m 跨的箱梁底缘曲线采用 2.5 次抛物线，墩顶处总高度为 35m，跨中高 4.5m。空腹段上弦梁为单箱单室断面，梁顶宽 10.5m，底宽 6.5m，两侧悬臂 2.0m，标准断面高 5.0m，采用 2 次抛物线过渡到梁高 7.0m；下弦梁（斜腿）为等截面箱形断面，梁宽 6.5m，高 7.5m。主墩采用双肢空心薄壁墩，单肢截面尺寸为顺桥向 4.5m，横桥向 7.5m，最大墩高 170m。

水盘高速公路北盘江大桥设计荷载等级为公路-Ⅰ级，设计行车速度 80km/h，设计基本地震动峰值加速度为 0.1g，设计基准风速为 25.5m/s。桥面全宽 21.5m，双向四车道。

水盘高速公路北盘江大桥是世界首座预应力混凝土空腹式连续刚

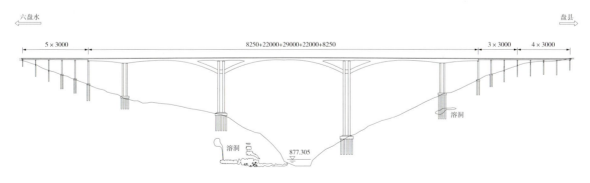

▲ 水盘高速公路北盘江大桥立面布置图（尺寸单位：cm；高程单位：m）

构桥,与相同跨径的连续刚构桥相比,主梁刚度更大,可以更好地防止跨中下挠。本桥具有高墩身、大跨度、长斜腿等特点,施工难度大。施工单位针对空腹区的下弦箱梁专门研发了大吨位"上置斜爬式挂篮",获得国家发明专利。

▲ 水盘高速公路北盘江大桥实景图

2 云南元江大桥
The Yuanjiang Bridge in Yunnan Province

元江大桥位于云南省玉溪市元江县境内,是 G8511 昆明至磨憨高速公路上的一座大桥。该桥于 2000 年 5 月开工,2003 年 3 月建成通车。

桥址区位于元江河谷地带,地面起伏大,岸坡较陡。元江大桥桥面距最低水位的高度为 163m,是当时世界第一高桥。

元江大桥为(58+182+265+194+70)m 预应力混凝土连续刚构桥,全长 769m。主梁采用单箱单室截面,顶宽 22.5m,底宽 11.5m。各跨跨中梁高 5m,两个边墩处的根部梁高 7m,两个主墩处的根部梁高 14.5m。265m 中跨的箱梁梁底曲线采用 1.5 次抛物线变化,其余边跨主梁梁底曲线按 2 次抛物线变化。箱梁为三向预应力结构,桥墩为双肢薄壁墩,均采用 55 号混凝土。肢身横向与主梁箱底同宽(11.5m),顺桥向厚度随跨径与墩高的不同而变化,左、右两个边墩单肢壁厚分别为 1m 和 2m,中间两个主墩单肢壁厚均为 4m,最大墩高 121.5m。

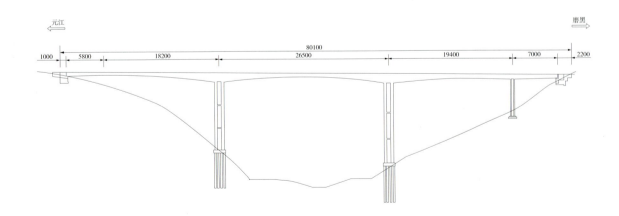

▲ 元江大桥立面布置图(尺寸单位:cm)

PART FIVE

第 五 篇　梁　桥

▲ 元江大桥实景图

元江大桥设计荷载等级为汽车-超20级，挂车-120，人群荷载3.5kN/m²；设计行车速度60km/h，抗震设防烈度为Ⅶ度，设计基准风速为22m/s。桥面全宽22.5m，双向四车道。

3 贵州贵毕高速公路六广河大桥
The Liuguanghe Bridge of the Gui-Bi Expressway in Guizhou Province

贵毕高速公路六广河大桥位于贵州省贵阳市修文县境内，是G321广州至成都高速公路贵州境内贵阳至毕节段上的一座大桥。该桥于1999年11月开工建设，2001年9月竣工。

贵毕高速公路六广河大桥主桥为（145.1+240+145.1）m预应力混凝土连续刚构桥，桥梁高度280m。主梁采用单箱单室截面，顶宽13.0m，底宽7.0m，根部梁高13.4m，跨中及边跨现浇段梁高4.1m，其间梁底下缘按1.5次抛物线变化。箱梁顶板厚度除0号梁段的50cm和梁端支承截面的102cm外，其余节段均为28cm。箱梁底板在0号块、根部和合龙段处分别厚160cm、145cm和30cm，从根部至端部按1.5次抛物线变化。边跨现浇段底板厚从30cm线性变化至70cm。箱梁腹板在0号块处厚100cm，从根部至端部按70cm、60cm、40cm三种尺寸突变。边跨现浇段腹板厚度从40cm线性变化至140cm。桥墩采用双肢薄壁墩，双肢间设横系梁。

贵毕高速公路六广河大桥设计荷载等级为汽车-超20级，挂车-120；设计行车速度60km/h。桥面全宽13.0m，行车道净宽11.0m。

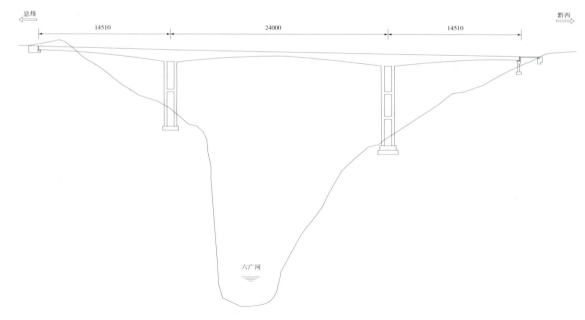

▲ 贵毕高速公路六广河大桥立面布置图（尺寸单位：cm）

PART FIVE

第五篇 梁 桥

贵毕高速公路六广河大桥实景图

4 重庆龙河大桥
The Longhe Bridge in Chongqing Municipality

龙河大桥位于重庆市丰都县境内，是 G50s 上海至重庆高速公路南线重庆境内丰都至石柱段上的一座大桥。

桥址区属于构造剥蚀丘陵地貌区，龙河河谷呈 V 形，两翼不对称，呈台阶状，局部呈陡坎状，切割深度 246.5m，谷口宽约 1300m。龙河水面宽 95～110m，水深 2～15m，流速平缓。桥址区无新构造活动形迹，区域构造稳定，亦无断层、泥石流等不良地质现象，岩体较完整，节理裂隙较发育。龙河大桥桥面距最低水面高度为 203m。

龙河大桥主桥为（127+240+127）m 预应力混凝土连续刚构桥，涪陵岸引桥采用（4×40+3×40+3×40）m 先简支后连续（刚构）T 梁，丰都岸引桥采用（4×40+3×40）m 先简支后连续（刚构）T 梁。主梁采用单箱单室截面，顶宽 11.75m，底宽 6.5m，两侧翼缘悬臂长 2.625m，根部梁高 15.0m，跨中梁高 4.5m，其间梁底下缘按 1.8 次抛物线变化。0 号段处顶板厚 50cm，1 号段处厚 50~28cm，其余节段厚 28cm；底板厚度从跨中至根部由 32cm 变化为 150cm；腹板从跨中至根部依次采用 90cm、85cm、80cm、65cm 和 45cm 五种厚度，按 1.8 次抛物线变化。主墩为双肢薄壁墩，各肢均采用变截面矩

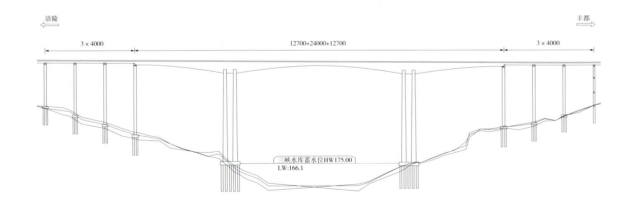

▲ 龙河大桥立面布置图（尺寸单位：cm；高程单位：m）

▲ 龙河大桥实景图

形空心墩，墩柱双向按1∶100放坡，单肢顶部截面尺寸8.5m×4m，壁厚0.8m，最大高度约116m。基础采用直径2.6m的钻孔灌注桩。

龙河大桥设计荷载等级为公路-Ⅰ级，设计行车速度80km/h，抗震设防烈度为Ⅶ度。桥面全宽11.75m，行车道净宽10.75m。

5 贵州平寨大桥
The Pingzhai Bridge in Guizhou Province

平寨大桥位于贵州省安顺市晴隆县境内，现名为孟寨大桥，是 G60 上海至昆明高速公路上的一座大桥。该桥于 2004 年 10 月开工，2007 年 3 月建成。

桥址区属构造剥蚀的中低山峰丛地貌，地势起伏较大，相对高差 260m。大桥自东向西横跨陡坡地带及山间沟谷，沟谷内发育着两条常年流动的水沟，水量主要受大气降水影响。桥址区不良地质多，主要表现为断层和岩溶。平寨大桥桥面距谷底的最大高度为 97m。

平寨大桥主桥为（130+3×235+130）m 预应力混凝土连续刚构桥，分左、右两幅设置。镇宁岸和胜境关岸引桥分别为 8×40m 和 2×40m 的简支变结构连续 T 梁。全桥平面位于直线段，纵坡为 2.8%，双向横坡为 2.0%。主梁采用单箱单室截面，顶宽 12.0m，底宽 6.5m，高度由根部的 13.4m 按 1.5 次抛物线变化至跨中的 4.1m。箱梁顶板厚度除 0 号梁段的 55cm 和梁端支承截面的 120cm 外，其余节段均为 25cm；底板厚度由 0 号梁段的 160cm 按 2 次抛物线渐变至合龙段的 30cm，边跨现浇段底板厚度从 30cm 线性变化至 70cm；腹板从 0 号梁段到合龙段分别采用 110cm、70cm、60cm 和 40cm 四种厚度，边跨现浇段腹板从 40cm 线性变化至 120cm。主墩墩身由两肢 7.5m×3.2m 箱形截面薄壁墩柱组成，两肢间设一横系梁；过渡墩为箱形截面薄壁墩，截面尺寸为 4.5m×7.5m。

平寨大桥设计荷载等级为汽车-超 20 级，挂车-120；设计行车速度 80km/h，抗震设防烈度为Ⅶ度。桥面全宽 24.5m，双向四车道。

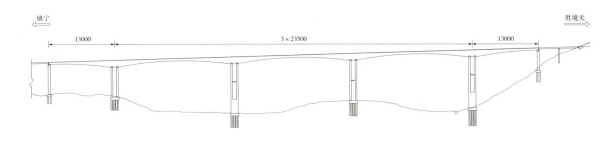

▲ 平寨大桥立面布置图（尺寸单位：cm）　　▶ 平寨大桥实景图

PART FIVE
第 五 篇　梁　桥

6 重庆芙蓉江大桥
The Furongjiang Bridge in Chongqing Municipality

芙蓉江大桥位于重庆市武隆县与彭水县交界处，横跨芙蓉江，是S204重庆武隆至贵州务川二级公路上的一座大桥。该桥于2009年8月建成。

桥址区属于构造侵蚀中山峡谷地带，呈南北高、中间低，东高西低的地势格局，北侧风箱坨高程为1153.0m，东侧李虎台高程为1053.0m，芙蓉江沟底高程为298.7m，相对高差约750m。峡谷内芙蓉江强烈侵蚀下切，陡崖发育，大桥桥面距最低水面高度为223m。

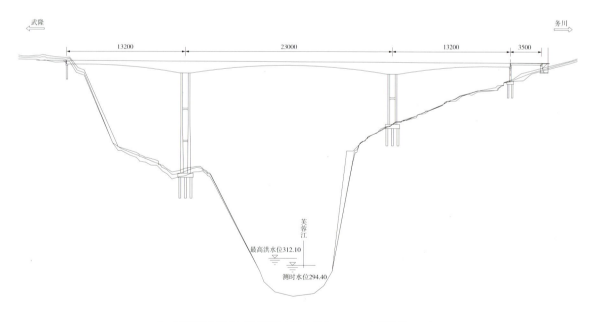

▲ 芙蓉江大桥立面布置图（尺寸单位：cm；高程单位：m）

PART FIVE
第 五 篇 梁 桥

◀ 芙蓉江大桥实景图

芙蓉江大桥主桥为（132+230+132）m 预应力混凝土连续刚构桥，务川岸引桥为 35m 预应力混凝土简支箱梁，全长 538.93m。主梁采用单箱单室截面，顶宽 9.0m，底宽 5.0m，根部梁高 13.5m，现浇段和合龙段梁高 4.0m，其间梁底下缘按 1.8 次抛物线变化。箱梁顶板厚度除梁端支承截面的 85cm 外，其余节段均为 25cm；底板厚度从跨中至根部由 30cm 按 1.8 次抛物线变化为 120cm，梁端支承截面处为 60cm，边跨现浇段底板从 30cm 线性变化至 70cm；腹板从跨中至根部依次采用 100cm、60cm、50cm 和 40cm 四种厚度。务川岸主墩高 54.5m；武隆岸主墩高 106.5m，在 54.5m 以上采用双肢等截面薄壁墩柱，单肢厚 2.0m，两肢净间距 6.0m；54.5m 以下采用 1∶80 变截面实体墩，以减小两墩因刚度相差过大而产生的不利影响。

芙蓉江大桥设计荷载等级为公路-Ⅱ级，设计行车速度 40km/h，抗震设防烈度为Ⅶ度。桥面全宽 9.0m，行车道净宽 7.0m。

7 贵州三岔河大桥
The Sanchahe Bridge in Guizhou Province

三岔河大桥位于贵州省毕节市织金县境内，跨越三岔河，是 G76 厦门至成都高速公路上的一座大桥。该桥于 2014 年 12 月建成。

桥址区属于贵州高原中部溶蚀型低中山河谷地貌，地势起伏大，三岔河河谷深切，两岸陡峻，多为陡壁、悬壁。桥轴线地表高程为 953.6～1200.7m，相对高差 247.1m。清镇岸桥台位于冲沟左侧，地形横坡较陡；织金岸地形较缓，位于斜坡地段。三岔河为长江水系乌江流域，流量受上游引子渡水电站控制，两岸受到的冲刷较强烈。三岔河大桥桥面距最低水位 220m。

三岔河大桥主桥为（122+3×230+122）m 预应力混凝土连续刚构桥，清镇岸引桥左幅采用 12×30m 预应力混凝土 T 梁，右幅采用 15×30m 预应力混凝土 T 梁，织金岸引桥两幅均采用 6×40m 预应力混凝土 T 梁。主梁采用单箱单室截面，顶宽 12.0m，底宽 6.5m，根部梁高 14.5m，现浇段和合龙段梁高均为 4.5m，其间梁底下缘按 1.6 次抛物线变化。箱梁顶板厚度除 0 号梁段的 50cm 和梁端支承截面的 100cm 外，其余节段均为 30cm；底板厚度由 0 号梁段的 150cm 按 2.2 次抛物线渐变至合龙段的 32cm，边跨现浇段底板厚度从 32cm 线性变化至 100cm；腹板从 0 号梁段到合龙段分别采用 90cm、80cm、70cm、60cm 和 45cm 五种厚度，边跨现浇段腹板从 45cm 线性变化至 120cm。主墩墩身采用钢筋混凝土双肢薄壁空心墩，左右幅整体设计，为单箱三室截面。截面横桥向宽 19.0m，墩顶顺桥向宽 3.5m，双肢净距

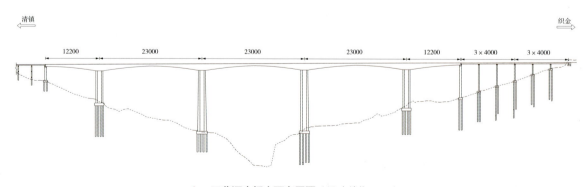

▲ 三岔河大桥立面布置图（尺寸单位：cm）

PART FIVE

第五篇 梁 桥

▲ 三岔河大桥实景图

9.0m。两边次主墩顺桥向为等截面，墩底顺桥向宽 3.5m，中间两个主墩顺桥向为变截面，其双肢外侧按 1∶100 放坡，墩底顺桥向宽 4.85m。

三岔河大桥设计荷载等级为公路-Ⅰ级，设计行车速度 80km/h，抗震设防烈度为Ⅶ度，设计基准风速为 25.2m/s。桥面全宽 24.5m，双向四车道。

三岔河大桥主梁采用悬臂浇注法施工，4 个 T 构同时施工，先边跨合龙，再中跨合龙，最后次边跨合龙。由于主墩左右幅为整体设计，故次边跨左右幅同时合龙。

8 贵州法郎沟大桥
The Falanggou Bridge in Guizhou Province

法郎沟大桥位于贵州省毕节市境内,是 G76 厦门至成都高速公路上的一座大桥。

桥址区属山区雨源型溪沟。法郎沟为赤水河的次级支流,地表河谷深切,河床狭窄,水流急,落差大,流量季节性变化显著。桥轴线地表高差起伏剧烈,沟谷纵横交错,地貌形态多样,地形复杂。法郎沟大桥桥面距沟底 223m。

法郎沟大桥主桥为(125+225+125)m 预应力混凝土连续刚构桥。主梁采用单箱单室截面,顶宽 12.0m,底宽 6.0m,根部梁高 13.5m,现浇段和合龙段梁高均为 5.0m,其间梁底下缘按 1.8 次抛物线变化。箱梁顶板厚度除 0 号梁段为 50cm 外,其余节段均为 30cm;底板厚度由 0 号梁段的 120cm 按 1.8 次抛物线渐变至合龙段的 32cm;腹板从 0 号梁段到合龙段分别采用 120cm、100cm、75cm 和 50cm 四种厚度。

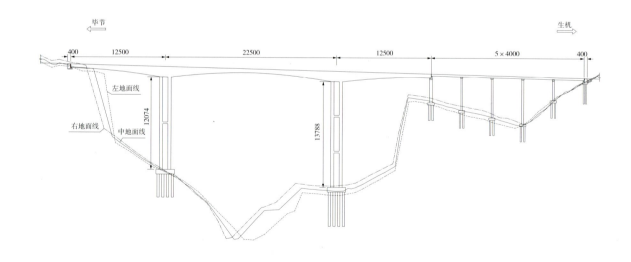

▲ 法郎沟大桥立面布置图(尺寸单位:cm)

PART FIVE

第五篇　梁　桥

主墩墩身采用双肢薄壁空心墩，除了薄壁墩柱两肢间设置纵桥向系梁外，在左、右两幅主墩之间还设置了横桥向横梁，以提高桥墩整体刚度。

法郎沟大桥设计荷载等级为公路-Ⅰ级，设计行车速度80km/h，设计基本地震动峰值加速度为0.05g。桥面全宽24.0m（半幅12.0m），双向四车道。

▼ 法郎沟大桥实景图

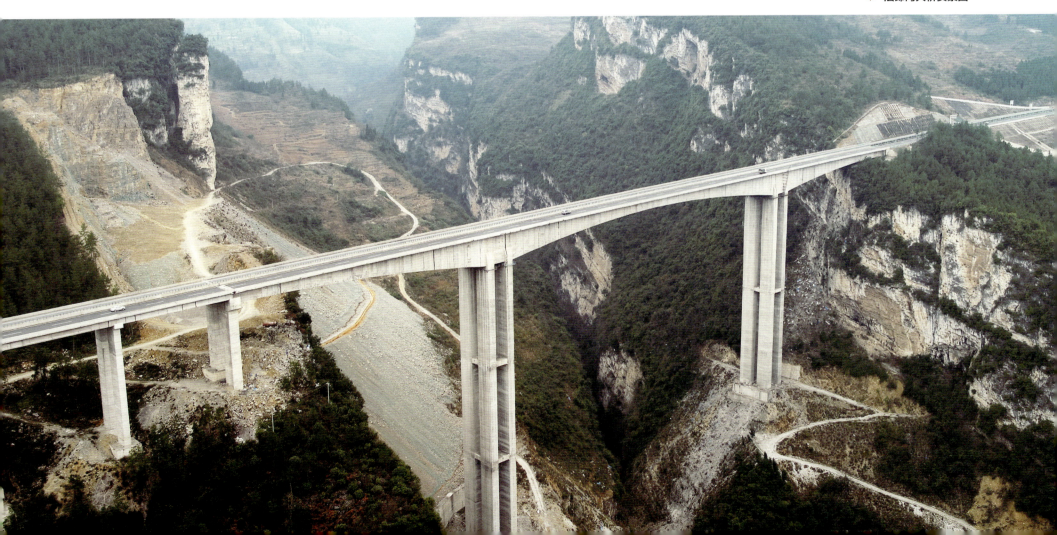

9 贵州虎跳河大桥
The Hutiaohe Bridge in Guizhou Province

虎跳河大桥位于贵州省黔西南州普安县境内，跨越虎跳河，是 G60 上海至昆明高速公路贵州境内镇宁至胜境关段上的一座大桥。该桥于 2005 年 3 月开工，2008 年 3 月建成。

桥址区属于长期风化剥蚀和侵蚀的中低山沟谷，东北端地形较陡，呈 V 形，西南端地形坡度缓慢。桥轴线地面高程为 1250.0～1476.0m，最大高差 226.0m，大桥桥面距最低水位 150m。

虎跳河大桥主桥为（120+4×225+120）m 预应力混凝土连续刚构桥，镇宁岸引桥为 5×50m 先简支后连续预应力混凝土 T 梁，胜境关岸采用（5×50+6×50）m 先简支后连续预应力 T 梁，全长 1957.74m。主梁采用 C60 混凝土，为单箱单室截面，顶宽 12.0m，底宽 6.7m，两侧翼缘悬臂长 2.65m，根部梁高 13.0m，端部及跨中梁高 4.2m，其间梁底曲线按照 1.8 次抛物线变化。箱梁根部底板厚 135cm，端部及跨中底板厚 32cm，其间按 2.1 次抛物线变化；腹板从 0 号梁段到合龙段分别采用 120cm、70cm、60cm 和 50cm 四种厚度。主墩采用钢筋混凝土双肢薄壁墩，高度较大的两个主墩下半部分采用整体箱形断面。主墩基础为 16 根直径 2.5m 的钻孔灌注桩，采用明挖施工。

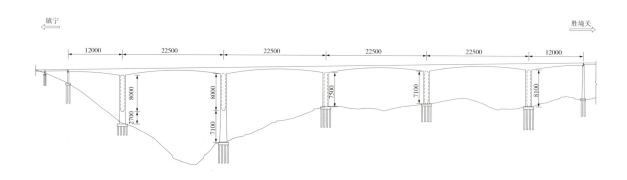

▲ 虎跳河大桥立面布置图（尺寸单位：cm）

PART FIVE
第五篇 梁桥

▲ 虎跳河大桥实景图

虎跳河大桥设计荷载等级为汽车-超20级，挂车-120；设计行车速度80km/h，抗震设防烈度为Ⅶ度。桥面全宽24.0m（半幅12.0m），双向四车道。

主梁采用对称悬臂浇筑法施工，中跨采用吊架现浇合龙。合龙顺序为先中跨合龙，后边跨合龙。引桥为预制施工，采用双导梁法向河心逐孔架设。

10 贵州韩家店 1 号大桥
The No.1 Hanjiadian Brige in Guizhou Province

韩家店 1 号大桥位于贵州省桐梓县境内，是 G75 兰州至海口高速公路贵州境内崇溪河至遵义段上的一座大桥。该桥于 2005 年 12 月建成通车。

桥址区为河流下切的高台面斜构造盆地，由陡崖、坡地、河谷及槽谷组成复杂的地形地貌，区内相对高差 187m，韩家店 1 号大桥桥面距谷底 116m。大桥横跨山谷，斜交角度为 30°，周边无大规模破坏性断层通过，也无岩溶现象，地基稳定。

韩家店 1 号大桥为（122+210+122）m 预应力混凝土连续刚构桥，引桥为 8×30m 后张法预应力混凝土简支 T 梁。主梁采用单箱单室截面，顶宽 22.5m，底宽 11m，两侧翼缘板悬臂长 5.75m，顶板设置 2% 的双向横坡。主梁根部梁高 12.5m，现浇段和合龙段梁高均为 3.5m，其间梁底下缘按 1.5 次抛物线变化。箱梁底板厚度除 0 号梁段为 150cm 外，其余各梁段从根部截面的 120cm 渐变至跨中和边跨支点截面的 32cm；腹板厚

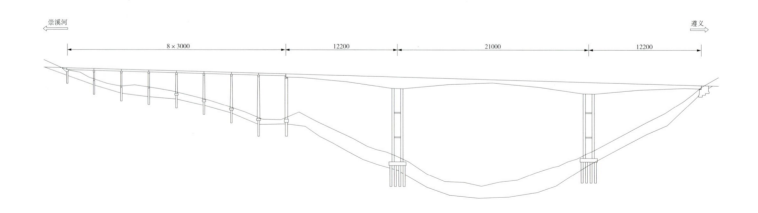

▲ 韩家店 1 号大桥立面布置图（尺寸单位：cm）

PART FIVE
第五篇 梁桥

度从 0 号梁段到合龙段分别为 120cm、70cm、60cm、50cm。主墩墩身采用双肢薄壁空心墩，肢身厚 2.5m，两肢间的净距为 7.0m。每个主墩下设置 16 根直径为 2.3m 的钻孔灌注桩。

韩家店 1 号大桥设计荷载等级为汽车-超 20 级，挂车-120；设计行车速度 80km/h，抗震设防烈度为Ⅵ度。桥面全宽 22.5m，双向四车道。

◀ 韩家店 1 号大桥实景图

11 四川腊八斤大桥
The Labajin Bridge in Sichuan Province

腊八斤大桥位于四川省雅安市荥经县境内，是 G5 北京至昆明高速公路四川境内雅安至西昌段上的一座大桥。该桥于 2007 年开工，2012 年建成。

桥址区属于低中山斜坡中下部地貌，地面高程 925～1161m。腊八斤溪沟呈不对称 V 形，为季节性流水冲沟。雅安侧岸坡较陡，西昌侧岸坡稍缓。腊八斤大桥桥面至沟底的高差为 271m。

腊八斤大桥主桥为（105+2×200+105）m 预应力混凝土连续刚构桥。主梁采用单箱单室截面，顶宽 12.1m，底宽 6.8m，根部梁高 12.75m，跨中及边跨现浇段梁高 3.80m，其间梁底曲线以 1.8 次抛物线变化。主桥桥墩为钢管混凝土叠合柱，最大墩高 182.5m。墩身分幅设置并以剪刀撑相连，横桥向宽 7m。西昌侧主墩顺桥向顶宽 9.0m，雅安侧两个主墩顶宽均为 10.0m，三个主墩墩身顺桥向按 70:1 的比例放坡。墩身

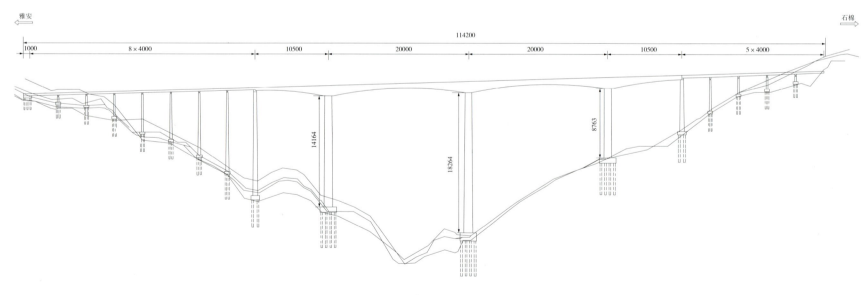

▲ 腊八斤大桥立面布置图（尺寸单位：cm）

▲ 腊八斤大桥实景图

由 4 根钢管组成，内灌 C80 混凝土，钢管混凝土柱外包 20cm 厚的 C30 钢筋混凝土。两边主墩的钢管直径为 1320mm，中间主墩的钢管直径为 1420mm，钢管混凝土柱间用型钢连接以增强整体性和刚度。

腊八斤大桥设计荷载等级为公路-Ⅰ级，设计行车速度 80km/h，设计基本地震动峰值加速度为 0.152g。桥面全宽 24.5m，双向四车道。

腊八斤大桥主要建设特点包括：① 在高地震烈度区采用钢管混凝土组合高墩，利用高强材料减小墩身截面尺寸，减轻自重，从而降低桥梁结构的地震响应。同时，利用钢管混凝土材料延性好的优点，提高桥墩的抗震能力。② 与常用箱形结构混凝土桥墩相比，钢管混凝土组合桥墩的混凝土用量减少了 13650m^3，钢材用量减少了 1287t。③ 钢管混凝土组合桥墩在施工过程中，先分节段安装钢管骨架，然后在钢管柱内灌注自密实混凝土，这样形成的钢管混凝土柱刚度大，利用其作为安装架设后期结构和浇筑混凝土的支架，在充分利用材料的同时也减少了施工临时设施。

12 四川黑石沟大桥
The Heishigou Bridge in Sichuan Province

黑石沟大桥位于四川省雅安市荥经县境内，跨越黑石沟，是 G5 北京至昆明高速公路四川境内雅安至西昌段上的一座大桥。该桥于 2007 年开工，2012 年建成。

桥址区为低中山斜坡中下部地貌，地面高程 1045～1264m。黑石沟呈不对称 V 形，为季节性流水冲沟，洪水季节流量大。雅安侧岸坡陡，西昌侧岸坡缓。黑石沟大桥桥面至沟底的高差为 246m。

黑石沟大桥主桥为（55+120+200+105）m 预应力混凝土连续刚构桥，西昌岸引桥采用 8×40m 预应力混凝土 T 梁。主梁采用单箱单室截面，顶宽 12.1m，底宽 6.8m，顶板设单向横坡。主梁根部梁高 12.75m，跨中及边跨现浇段梁高 3.80m，其间梁底曲线以 1.8 次抛物线变化。主桥桥墩为钢管混凝土叠合柱，最大墩高 156m。墩身分幅设置并以剪刀撑相连，采用箱形截面，横桥向宽 6.8m，顺桥向顶

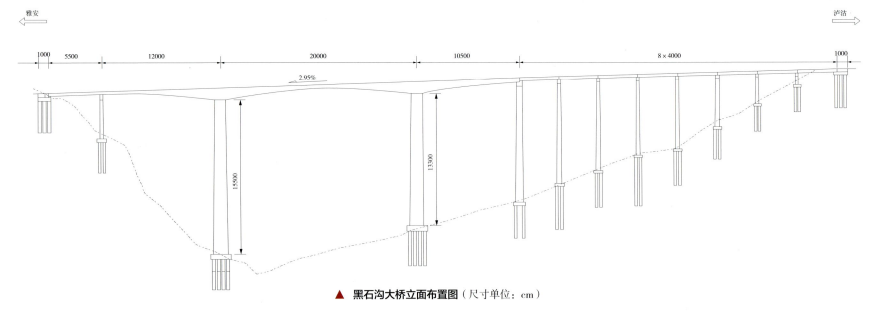

▲ 黑石沟大桥立面布置图（尺寸单位：cm）

PART FIVE
第 五 篇　梁　桥

▲ 黑石沟大桥实景图一

宽10m，向下按70∶1比例放坡加宽。墩身由4根φ1320mm钢管组成，管内灌注C80混凝土，外包20cm厚的C30钢筋混凝土。钢管混凝土柱间用型钢连接以增强整体性和刚度。

黑石沟大桥设计荷载等级为公路-Ⅰ级，设计行车速度80km/h，设计基本地震动峰值加速度为0.152g。桥面全宽24.5m，双向四车道。

▶ 黑石沟大桥实景图二

PART FIVE
第五篇 梁 桥

13 湖北马水河大桥
The Mashuihe Bridge in Hubei Province

马水河大桥位于湖北省建始县与恩施市交界处，跨越马水河，与大水井隧道相接，是G50上海至重庆高速公路湖北境内宜昌至恩施段上的一座大桥。该桥于2008年9月建成。

桥址区属溶蚀、侵蚀低中山地貌，河流切割较深，呈典型的V形河谷，地面高程为430~630m，东侧宽缓，地形坡度角20°~40°；西侧较陡，地形坡度角30°~50°。马水河属清江支流，为常年性河流。马水河大桥桥面距谷底约220m。

马水河大桥主桥为（110+3×200+110）m 预应力混凝土连续刚构桥，两侧引桥为40m预应力混凝土T梁。主梁采用单箱单室截面，顶宽12.5m，底宽6.5m，根部梁高12.0m，跨中及边跨现浇段梁高3.5m，其间梁底曲线按2次抛物线变化。箱梁顶板厚度除0号梁段的60cm外，其余节段均为28cm；底板厚度由0号梁段的125cm渐变至合龙段的32cm；腹板厚度从0号梁段到合龙段分别采用90cm、70cm和50cm。主墩墩身采用钢筋混凝土双肢薄壁空心墩，单肢顺桥向厚3.5m，横桥向宽8.5m，双肢中心距为12.5m，左幅最大墩高139m，右幅最大墩高142m。主墩基础为12根直径为2.5m的桩基，最大设计桩长50m，桩尖嵌入微风化的岩石中。

马水河大桥设计荷载等级为汽车-超20级，挂车-120；设计行车速度80km/h，抗震设防烈度为Ⅶ度。桥面全宽24.5m，双向四车道。

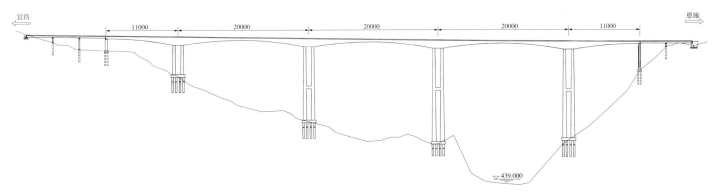

▲ 马水河大桥立面布置图（尺寸单位：cm；高程单位：m）

▲ 马水河大桥实景图

PART FIVE
第五篇 梁 桥

14 湖北魏家洲大桥
The Weijiazhou Bridge in Hubei Province

魏家洲大桥位于湖北省长阳土家族自治县境内，距离318国道约8.5km，是G50上海至重庆高速公路湖北境内宜昌至恩施段上的一座大桥。该桥于2004年8月开工，2009年7月建成。

桥址区属于深切V形的河谷地貌，周边山峦起伏，山体下坡陡峻，上坡略缓。河谷内沟壑纵横，层状地貌明显，地形相对高差达300m，自西向东地势总体逐级下降。魏家洲大桥桥面至沟底的高差为219m。

魏家洲大桥主桥为（110+200+110）m三跨预应力混凝土连续刚构桥，左幅跨径布置为（30+110+200+110+4×20）m，右幅跨径布置为（2×20+110+200+110+4×20）m，左右幅的桥轴线相距50m。主梁采用单箱单室截面，顶宽12.5m，底宽6.5m，根部梁高12.0m，跨中及边跨现浇段梁高3.5m，其间梁底曲线按1.8次抛物线变化。箱梁顶板厚28cm，根部截面底板厚120cm，跨中截面底板厚32cm，

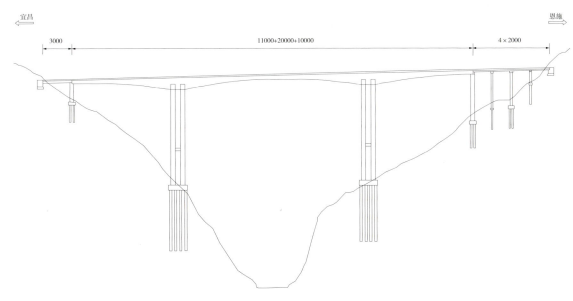

▲ **魏家洲大桥立面布置图**（尺寸单位：cm）

▲ 魏家洲大桥实景图

其间分段按 1.8 次抛物线变化，边跨支点处底板厚 80cm；腹板厚度为 50～100cm。主墩墩身采用钢筋混凝土双肢薄壁空心墩，双肢中心距为 10.2m，单肢顺桥向顶厚 3.8m，横桥向顶宽 8.5m，纵横向均按 100∶1 向下放坡。在两薄壁墩柱间沿墩高每隔 30m 设一道与墩同宽、壁厚 0.5m 的箱形截面横系梁。主墩基础为 12 根直径为 2.5m 的钻孔灌注桩。

魏家洲大桥设计荷载等级为汽车-超 20 级，挂车-120；设计行车速度 80km/h，抗震设防烈度为Ⅶ度。单幅桥面全宽 12.5m，行车道净宽 11.5m。

PART FIVE
第五篇 梁 桥

15 湖北龙潭河大桥
The Longtanhe Bridge in Hubei Province

龙潭河大桥位于湖北省宜昌市长阳土家族自治县境内，跨越龙潭河，是G50上海至重庆高速公路湖北境内宜昌至恩施段上的一座大桥。该桥于2004年8月开工，2008年8月建成。

桥址区属构造剥蚀低中山及U形河谷地貌，山体坡度较陡，河谷深切，切割深度200～300m。龙潭河为山间常年性河流，河谷宽300m，较平坦。河谷东侧山体上缓下陡，西侧为坡体相对较陡的低、中山坡麓。龙潭河大桥桥面距最低水面192m。

龙潭河大桥主桥为（106+3×200+106）m预应力混凝土连续刚构桥，两侧引桥为40m先简支后刚构预应力混凝土T梁。主梁采用单箱单室截面，顶宽12.5m，底宽6.5m，根部梁高12.0m，跨中及边跨现浇段梁高3.5m，其间梁底曲线按1.8次抛物线变化。箱梁顶板厚28cm，底板厚从跨中至根部由32cm变化为110cm，腹板厚度从跨中至根部分别为40cm、55cm和70cm。主墩墩身采用钢筋混凝土双肢薄壁空心墩，双肢外侧按100∶1放坡，横向根据墩高采用分段放坡式，从上到下分别为100∶1、60∶1和40∶1三种坡率。主墩基础为16根直径为2.4m的钻孔灌注桩。

龙潭河大桥设计荷载等级为汽车-超20级，挂车-120；设计行车速度80km/h，抗震设防烈度为Ⅶ度。单幅桥面全宽12.5m，行车道净宽11.5m。

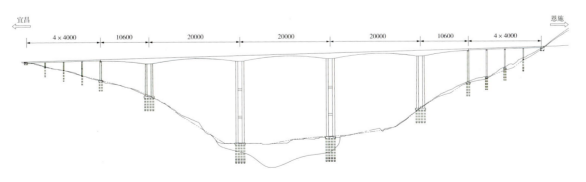

▲ 龙潭河大桥立面布置图（尺寸单位：cm）

中国公路峡谷大桥 CHINA HIGHWAY CANYON BRIDGES

PART FIVE
第 五 篇 梁 桥

▲ 龙潭河大桥实景图

16 湖北野三河大桥
The Yesanhe Bridge in Hubei Province

野三河大桥位于湖北省恩施州建始县境内，跨越野三河，是 G50 上海至重庆高速公路湖北境内宜昌至恩施段上的一座大桥。大桥于 2004 年 9 月开工，2009 年 11 月建成。

桥址区属中山区构造侵蚀、溶蚀槽谷，谷底为野三河，地形上呈不对称 V 形河谷，基岩裸露，两岸地面高程为 695～812m，相对高差 207m，野三河大桥桥面距最低水面 180m。河谷两侧坡壁陡峭，特别是东侧，坡体表层卸荷裂隙发育，局部有危岩体存在，易产生崩塌或落石；西侧为顺向坡，岩层倾角约 40°，且坡体表层发育有顺层风化溶蚀裂隙和近竖向裂隙，其浅部岩体稳定性相对较差。

野三河大桥主桥为（106+200+106）m 预应力混凝土连续刚构桥。主梁采用单箱单室截面，顶宽 12.2m，底宽 6.5m，根部梁高 12.0m，跨中梁高 3.5m，根部底板厚 110cm，跨中底板厚 32cm，梁高和底板厚度均按 1.8 次抛物线变化。箱梁腹板根部厚 70cm，跨中厚 40cm，从根部至跨中分三个直线段变化，分别由根部厚 70cm 变化至 55cm，再由 55cm 变化至跨

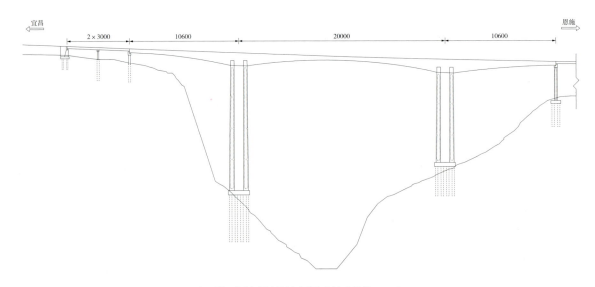

▲ **野三河大桥立面布置图**（尺寸单位：cm）

▲ 野三河大桥实景图

中厚 40cm。箱梁顶板厚度均为 28cm。主桥桥墩为分幅设置的双肢薄壁空心墩，肢间净距为 9.0m。每墩双肢外侧在纵桥向均按 100∶1 放坡，横向内侧不放坡，外侧根据墩高采用分段放坡方式，从上到下分别采用 100∶1 和 60∶1 两种坡率。主墩基础采用 24 根直径为 2.4m 的钻（挖）孔灌注桩。

野三河大桥设计荷载等级为汽车 - 超 20 级，挂车 -120；设计行车速度 80km/h，抗震设防烈度为Ⅶ度。桥面全宽 24.5m，行车道净宽 22.0m。

17 贵州贵遵高速公路乌江大桥
The Wujiang Bridge of the Zun-Gui Expressway in Guizhou Province

贵遵高速公路乌江大桥位于贵州省遵义市遵义县境内，是 G75 兰州至海口高速公路贵州境内贵阳至遵义段上的一座大桥，也是贵州省骨架公路"二横二纵四联线"上的一座大桥。该桥于 2007 年 12 月建成。

桥址区为溶蚀、侵蚀类型的岩溶中低山河谷，河谷两岸地形呈不对称分布，扎佐岸地形较缓，南白岸地形相对较陡，局部为陡崖。乌江河谷底部高程 622.8m，岸坡最大高程 906.9m，相对高差 284.1m，贵遵高速公路乌江大桥桥面距最低水位 151m。桥轴线与河流夹角 80°，桥址上游约 2km 处有乌江渡水库。

贵遵高速公路乌江大桥主桥为（106+2×200+106）m 预应力混凝土连续刚构桥，两岸引桥为先简支后连续预应力混凝土 T 梁。主梁采用单箱单室截面，顶宽 12.0m，底宽 6.5m，根部梁高 12.0m，跨中梁高 3.5m，根部底板厚 110cm，跨中底板厚 32cm，梁高和底板厚度均 1.8 次抛物线变化。箱梁顶板厚度为 28cm，设 2% 的横坡。箱梁腹板在根部厚 70cm，跨中厚 40cm，从根部至跨中分 70cm、55cm 和 40cm 三级直线变化。主墩墩身采用钢筋混凝土双肢薄壁空心墩，最大墩高 151m。为了提高桥梁横向侧弯刚度，减小横风抖振振幅，左、右半幅桥墩横向连成整体。

贵遵高速公路乌江大桥设计荷载等级为公路 - Ⅰ 级，设计行车速度 80km/h，抗震设防烈度为 Ⅶ 度，设计基准风速为 24.9m/s。桥面全宽 24.5m，双向四车道。

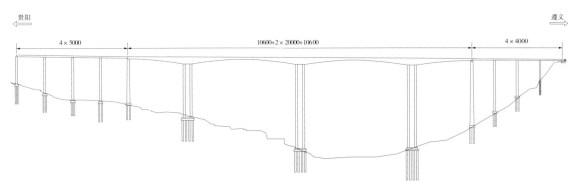

▲ **贵遵高速公路乌江大桥立面布置图**（尺寸单位：cm）

PART FIVE

第五篇 梁 桥

▼ 贵遵高速公路乌江大桥施工图

▲ 贵遵高速公路乌江大桥实景图

18 贵州大思高速公路乌江大桥
The Wujiang Bridge of the Da-Si Expressway in Guizhou Province

大思高速公路乌江大桥位于贵州省思南县境内，跨越乌江，是 G56 杭州至瑞丽高速公路贵州境内大兴至思南段上的一座大桥，也是贵州省高速公路网规划"6 横 7 纵 8 联"中第二横铜仁至宣威的重要组成部分。该桥于 2013 年 12 月建成。

桥址区为溶蚀、侵蚀类型的岩溶中低山河谷地貌，两岸地形不对称，乌江水面宽度约 270m，水深约 5m，水流缓慢，常水位高程为 355m，最大洪水位高程为 370m。大思高速公路乌江大桥桥面距常水位 146m。

大思高速公路乌江大桥主桥为（108+3×200+108）m 预应力混凝土连续刚构桥，右幅跨径布置为（3×39.6+4×40）m 预应力混凝土 T 梁 +（108+3×200+108）m 连续刚构 +11×40m 预应力混凝土 T 梁，全长 1540m；左幅跨径布置为（3×40.4+4×40）m 预应力混凝土 T 梁 +（108+3×200+108）m 连续刚构 +11×40m 预应力混凝土 T 梁，全长 1541.6m。主梁为单箱单室截面，顶宽 14.5m，底宽 7.5m，根部梁高 12.2m，跨中梁高 4.4m，根部底板厚 130cm，跨中底板厚 32cm，梁高和底板厚度均按 1.8 次抛物线变化。箱梁顶板厚除 0 号块为 60cm 外，其余节段均为 32cm，设有 2% 的单向横坡。箱梁腹板根部厚 80cm，经过 2 个节段梁过渡至跨中的 50cm。主墩墩身采用钢筋混凝土双肢薄壁空心墩，最大墩高 146m。

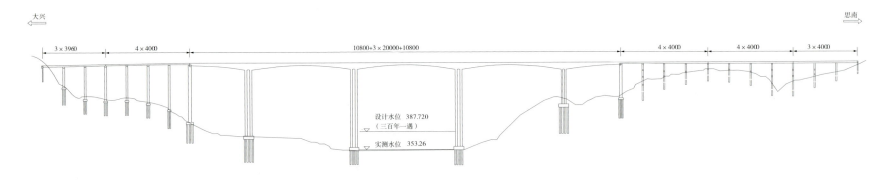

▲ **大思高速公路乌江大桥立面布置图**（尺寸单位：cm；高程单位：m）

PART FIVE

第五篇 梁 桥

▲ 大思高速公路乌江大桥实景图

大思高速公路乌江大桥设计荷载等级为公路-Ⅰ级，设计行车速度 80km/h，设计基本地震动峰值加速度为 0.05g，设计基准风速为 24.4m/s。桥面全宽 29.5m，双向四车道。

19 重庆土坎乌江大桥
The Wujiang Bridge in the Tukan Village of Chongqing Municipality

土坎乌江大桥位于重庆市武隆县境内,是 G65 包头至茂名高速公路重庆境内武隆至水江段上的一座大桥。

桥址区为低山峡谷侵蚀地貌,河谷深切,地形起伏大,地面高程 167.2～500m,土坎乌江大桥桥面距水面 85m。乌江水面宽约 190m,水流湍急,岸坡陡峻。不良地质主要有岩溶、危岩、崩塌和岩堆、河岸冲刷以及坍岸。

土坎乌江大桥主桥为(110+200+110)m 预应力混凝土连续刚构桥,水江岸引桥采用 3×30m 预应力混凝土 T 梁。主梁采用单箱单室截面,顶宽 12.0m,底宽 6.0m,两侧各悬臂 3.0m,根部梁高 11.0m,跨中梁高 4.0m,其间梁底曲线按 1.5 次抛物线变化。箱梁跨中底板厚 32cm,根部底板厚 120cm,其间采用 2 次抛物线过渡;中跨腹板厚度采用 50cm 和 60cm 二级变化,边跨腹板从合龙段到梁端由 50cm 增加

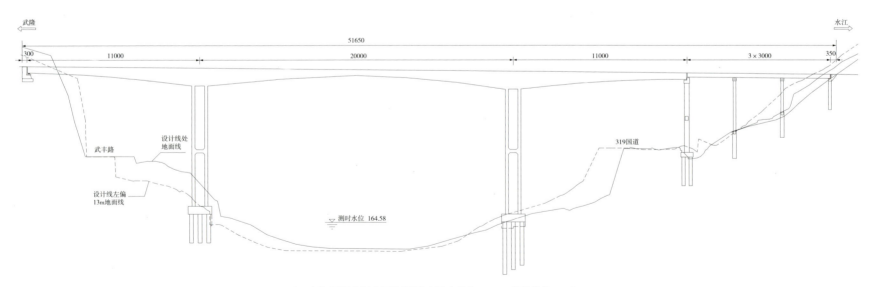

▲ **土坎乌江大桥立面布置图**(尺寸单位:cm;高程单位:m)

PART FIVE

第五篇 梁 桥

至 90cm，主梁 0 号块腹板厚 100cm。主墩墩身采用钢筋混凝土双肢薄壁空心墩，交界墩采用柱式桥墩，引桥桥墩采用实心圆柱墩。

土坎乌江大桥设计荷载等级为公路-Ⅰ级，设计行车速度 80km/h，抗震设防烈度Ⅶ度，设计基准风速为 27.0m/s。单幅桥面全宽 12.0m，行车道净宽 11.0m。

土坎乌江大桥斜跨乌江，斜交角约 45°。为了不影响乌江的通航净空，武隆岸主墩的位置靠近陡坡，导致该侧边跨的部分梁段和桥台都必须设置在接线隧道内，增加了施工难度。

▶ 土坎乌江大桥实景图

20 云南金厂岭澜沧江大桥
The Lancangjiang Bridge in Jinchangling of Yunnan Province

金厂岭澜沧江大桥位于云南省大理州永平县和保山市隆阳区交界处，跨越澜沧江，是 G56 杭州至瑞丽高速公路云南境内保山至龙陵段上的一座大桥。该桥于 2002 年 2 月合龙。

桥址区位于澜沧江 U 形河谷地带，地面起伏较大，岸坡较陡。金厂岭澜沧江大桥在水库蓄水前距离常水位的高度约为 83m。

金厂岭澜沧江大桥为（130+200+85）m 预应力混凝土连续刚构桥，是由大理侧一个 240m 的 T 构和保山侧一个 160m 的 T 构组成的不对称结构。主梁采用单箱单室截面，顶宽 22.5m，底宽 12.2m。两个主墩墩身顺桥向由两肢等截面矩形空心薄壁墩组成，顺桥向厚 2.5m，横桥向宽 12.2m，两肢间净距 7.0m，中间设一道横系梁。大桥主梁、桥墩和系梁均采用 50 号混凝土。主墩采用直径 1.5m 的钻孔灌注桩，为了降低施工难度，在考虑冲刷深度 6m 和确保结构安全的前提下，减小桩长，按摩擦桩设计，两个主墩的设计桩长分别为 38m 和 33m。

金厂岭澜沧江大桥设计荷载等级为汽车-超 20 级，挂车-120；设计

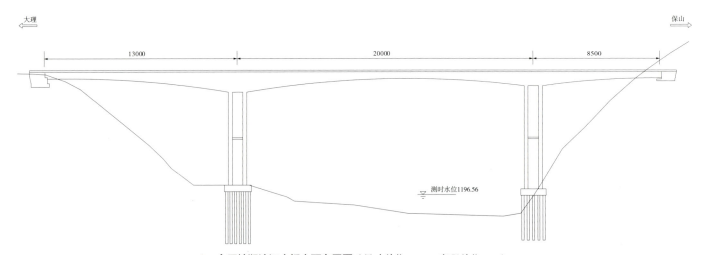

▲ **金厂岭澜沧江大桥立面布置图**（尺寸单位：cm；高程单位：m）

PART FIVE
第五篇 梁桥

▲ 金厂岭澜沧江大桥实景图

行车速度60km/h，抗震设防烈度为Ⅷ度。桥面全宽22.5m，双向四车道。

金厂岭澜沧江大桥因两岸山势险峻，场地狭窄，在结构上采用了非对称布置形式的连续刚构，是云南省第一座大跨径不对称连续刚构桥。

21 云南牛栏江大桥
The Niulanjiang Bridge in Yunnan Province

牛栏江大桥位于云南省曲靖市会泽县与昭通市鲁甸县交界处，跨越牛栏江，是 G85 银川至昆明高速公路云南境内昭通至会泽段上的一座大桥，也是云南省干线公路网规划中"七出省"通道昆明至水富公路上的控制性工程。该桥于 2013 年 8 月开工，2015 年 8 月合龙。

桥址区属于构造剥蚀中低山地貌，牛栏江切割强烈，呈现明显 V 形深沟。两岸地形陡峻，地面高差大，最大相对高差 218.0m，地形坡度 25°～ 46°。牛栏江属金沙江水系，常年性自东向西奔流。牛栏江大桥桥面距水面 180m。

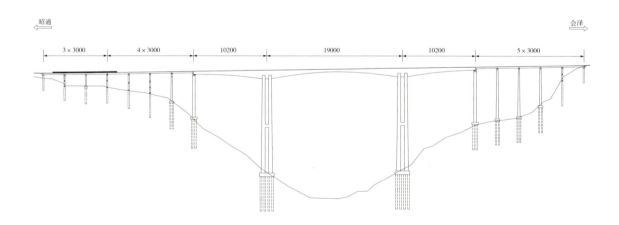

▲ 牛栏江大桥立面布置图（尺寸单位：cm）

PART FIVE
第五篇 梁 桥

牛栏江大桥主桥为（102+190+102）m 预应力混凝土连续刚构桥，两岸引桥为 30m 先简支后刚构预应力混凝土 T 梁。主梁采用单箱单室断面，顶宽 12.0m，底宽 6.5m，根部梁高 11.7m，跨中梁高 4.2m，根部底板厚 130cm，跨中底板厚 32cm，梁高和底板厚度均按 1.8 次抛物线变化。箱梁顶板在 0 号节段处厚 50cm，在其余节段处厚 28cm；腹板从根部至跨中依次分五段采用 90cm、70cm 和 50cm 三种厚度。主墩墩身采用双肢变截面矩形空心墩，最大墩高 130m，墩柱双向按 80∶1 放坡，单肢顶部截面尺寸 8.5m×4m，纵向壁厚 0.8m，横向壁厚 1.0m。每个主墩双肢之间设一道横系梁。主墩设有由型钢焊接而成的劲性骨架，以防止钢筋笼变形，并提高施工稳定性。主墩基础采用直径 2.5m 的钻孔灌注桩。

牛栏江大桥设计荷载等级为公路-Ⅰ级，设计行车速度 80km/h，设计基本地震动峰值加速度为 $0.10g$。桥面全宽 12.0m，行车道净宽 11.0m。

▼ 牛栏江大桥施工图

▼ 牛栏江大桥实景图

22 重庆狗耳峡大桥
The Gouerxia Bridge in Chongqing Municipality

狗耳峡大桥位于重庆市武隆县境内，跨越芙蓉江支流三汇溪，是重庆武隆至贵州务川二级公路上的一座大桥。

桥址区为岩溶中低山区，山顶高程在 800m 以上，沟底高程为 570~578m，相对高差超过 200m。三汇溪强烈侵蚀下切，形成深切 V 形峡谷地貌，像狗下垂的耳朵，故称"狗耳峡"。三汇溪为季节性溪沟，主要通过大气降水和地下水补给，水量随季节变化大。狗耳峡大桥桥面距沟底 136m。

狗耳峡大桥为（105+190+105）m 预应力混凝土连续刚构桥。主梁采用单箱单室断面，顶宽 9.0m，底宽 5.0m，根部梁高 11.5m，跨中和边跨现浇段梁高 3.5m，根部底板厚 100cm，跨中底板厚 30cm，梁高和底板厚度均按 1.5 次抛物线变化。箱梁在梁端支承处的顶板厚 85cm，在其余截面处厚 25cm；腹板从根部至跨中依次分五段采用 60cm、50cm 和 40cm 三种厚度。主墩墩身采用钢筋混凝土双肢薄壁墩，最大墩高 83m，单肢壁厚 2.2m，两肢间净距 6.6m。

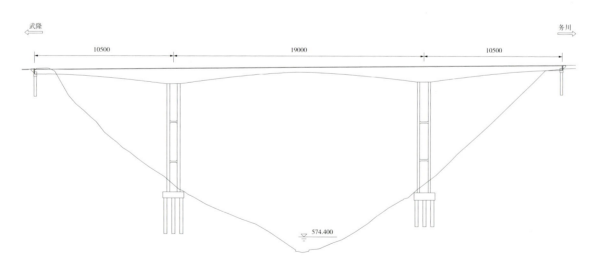

▲ 狗耳峡大桥立面布置图（尺寸单位：cm；高程单位：m）

PART FIVE
第五篇 梁 桥

▲ 狗耳峡大桥实景图

狗耳峡大桥设计荷载等级为公路-Ⅱ级，设计行车速度40km/h，抗震设防烈度为Ⅶ度。桥面全宽9.0m，行车道净宽7.0m。

23 陕西三水河大桥
The Sanshuihe Bridge in Shaanxi Province

三水河大桥位于陕西省旬邑县境内,是 G69 银川至百色高速公路陕西境内咸阳至旬邑段上的一座大桥,也是陕西"2367"高速公路网辐射线上的重要控制性工程。该桥于 2014 年 11 月建成。

桥址区属于开阔的 U 形河谷,谷底平坦,两岸黄土高坡地势相对较陡。三水河大桥桥面距谷底的高度为 194.5m。

三水河大桥主桥为(98+5×185+98)预应力混凝土连续刚构桥,两岸引桥跨径布置为(5×40+5×40)m 预应力混凝土 T 梁 +(98+5×185+98)m 连续刚构 +4×40m 预应力混凝土 T 梁,全长 1688m。主梁采用单箱单室截面,顶宽 12.0m,底宽 6.6m,翼缘板悬臂长 2.7m,根部梁高 11.5m,跨中梁高 3.5m,根部底板厚 140cm,跨中底板厚 30cm,梁高和底板厚度均按 1.8 次抛物线变化。箱梁顶板厚度除 0 号块为 50cm 外,其余梁段为 30cm;腹板从根部至跨中依次采用 80cm 和 50cm 两种厚度。桥墩采用双肢薄壁空心墩(外侧 2 个主墩)和单肢薄壁矩形空心墩(中间 5 个主墩)两种形式,最大主墩高 183m。

三水河大桥设计荷载等级为公路-Ⅰ级,设计行车速度 80km/h,设计基本地震动峰值加速度为 0.05g。单幅桥面全宽 12.0m,行车道净宽 11.0m。

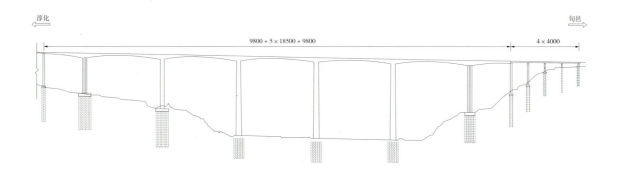

▲ 三水河大桥立面布置图(尺寸单位:cm)

PART FIVE
第 五 篇　梁　桥

▼ 三水河大桥实景图

24 贵州赫章大桥
The Hezhang Bridge in Guizhou Province

赫章大桥位于贵州省赫章县境内，是 S20 毕节至威宁高速公路上的一座大桥。该桥于 2010 年 6 月开工，2013 年 3 月合龙。

桥址区位于云贵高原乌蒙山脉北段，地势西高东低，桥轴线地表高程为 1710~1497m，相对高差 213m。毕节岸纵坡较缓，横坡较陡；威宁岸纵坡较陡，横坡较缓。峡谷内山风猛烈，风力常超过 6 级，最大风速可达 28m/s。赫章大桥桥面距谷底的高度为 205m。

赫章大桥主桥为（96+180+180+96）m 预应力混凝土连续刚构桥，毕节岸引桥为 40m 简支变结构连续预应力混凝土 T 梁，威宁岸采用 30m 简支变结构连续预应力混凝土 T 梁，左幅全长 1073.53m，右幅全长 1069.22m。主梁采用单箱单室截面，顶宽 10.73m（包括 0.23m

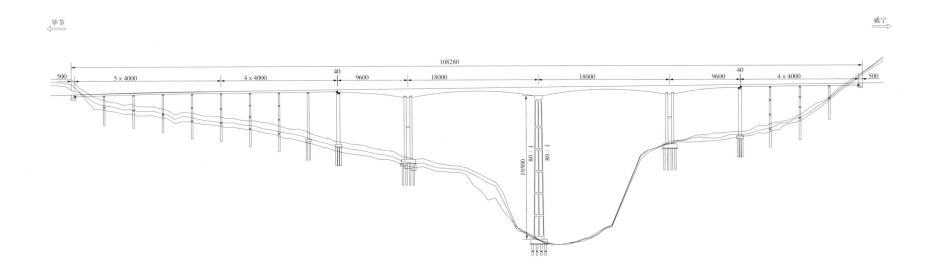

▲ **赫章大桥立面布置图**（尺寸单位：cm）

▲ 赫章大桥实景图

后浇带），底宽 6.5m，根部梁高 11.5m，合龙段及边跨现浇段梁高 4.0m，其间梁底曲线按 1.6 次抛物线变化。箱梁顶板厚度除 0 号梁段为 50cm 和梁端支承截面处为 120cm 外，其余节段均为 30cm；底板厚度除了 0 号梁段为 150cm 外，其余由根部的 130cm 按 1.6 次抛物线渐变至合龙段的 32cm；腹板从 0 号梁段到合龙段分别采用 90cm、70cm、60cm 和 45cm 四种厚度。中间主墩墩身为钢筋混凝土单箱三室矩形截面，横桥向整幅设计，宽 17.5m，顺桥向顶宽 9.0m，两侧按 60∶1 向下放坡，高 195m，目前为同类桥型世界第一高墩。两侧主墩墩身采用钢筋混凝土双肢薄壁墩，横桥向分幅设计，单肢采用矩形空心截面，横桥向宽 7.5m，顺桥向厚 3.0m，两肢间净距 5.0m。中间主墩采用 20 根直径 2.5m 的灌注桩；两侧主墩采用 16 根直径 2.0m 的灌注桩。

赫章大桥设计荷载等级为公路-Ⅰ级，设计行车速度 80km/h，设计基本地震动峰值加速度为 $0.05g$。桥面全宽 21.5m，双向四车道。

赫章大桥的中间主墩位于深谷内，山风猛烈，施工困难。施工中采用了液压翻模新工艺，通过改良模板系统，在测量控制过程中单独对大桥建立坐标，以确保施工安全。此外，由于墩柱太高，一般输送泵的压力无法将混凝土输送至设计高度，施工单位为此专门购置了两台高强度的混凝土输送泵。

25 云南牛家沟大桥
The Niujiagou Bridge in Yunnan Province

牛家沟大桥位于云南省昭通市大关县境内,是 G85 银川至昆明高速公路云南境内麻柳湾至昭通段上的一座大桥。该桥于 2013 年 3 月开工,2015 年 10 月建成。该桥的建设促进了区域经济合作,对于开发滇东北地区资源、发展旅游业、加快昭通脱贫步伐、促进民族区域经济发展、增强民族团结等具有重要意义。

桥址区属于低中山地貌,冲沟发育,地形起伏大,桥轴线地面高程为 1261~1478m,最大高差为 217m,牛家沟大桥桥面距谷底的高度为 203m。冲沟内地表水不发育,仅雨季见暂时性水流。桥址区为强震区,且具有岩堆及岩溶等不良地质。

牛家沟大桥主桥为(95+180+95)m 预应力混凝土连续刚构桥,

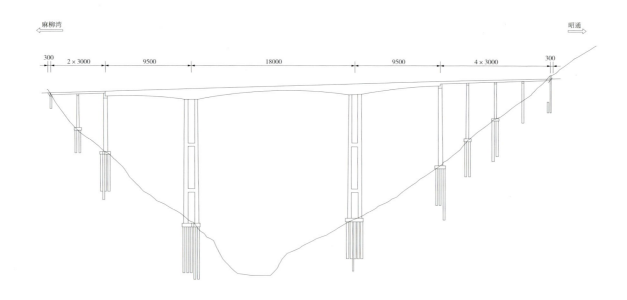

▲ 牛家沟大桥立面布置图(尺寸单位:cm)

PART FIVE
第 五 篇 　梁　桥

麻柳湾岸引桥采用2×30m预应力混凝土简支T梁，昭通岸引桥采用4×30m简支变连续组合T梁，桥梁总长556m。主梁分幅设置，采用单箱单室截面，顶宽12.0m，底宽6.5m，根部梁高11.0m，跨中及边跨现浇段梁高4.5m，根部底板厚120cm，跨中及边跨底板厚32cm，梁高和底板厚度均按1.8次抛物线变化。箱梁顶板厚28cm，设2%的单向横坡；腹板采用分段等厚度规律变化，根部至跨中分段厚度分别为90cm、70cm和50cm。主墩采用双肢变截面矩形空心薄壁墩，顺桥向双肢间净距7.0m，墩顶单肢宽度3.5m，横桥向墩宽8.5m，双向按100∶1向下放坡。主墩采用24根直径为2.0m的钻孔灌注桩。

牛家沟大桥设计荷载等级为公路-Ⅰ级，设计行车速度80km/h，设计基本地震动峰值加速度为0.15g。单幅桥面全宽12.0m，行车道净宽11.0m。

◀ **牛家沟大桥实景图**

26 贵州竹林坳大桥
The Zhulin'ao Bridge in Guizhou Province

竹林坳大桥位于贵州省铜仁市印江县境内，是 G56 杭州至瑞丽高速公路贵州境内大兴至思南段上的一座大桥，也是贵州省高速公路网规划"6 横 7 纵 8 联"中第二横铜仁至宣威的重要组成部分。该桥于 2013 年 9 月合龙。

桥址区沟壑众多，以九道沟最大，沟谷呈 V 形，九道河水深约 0.3m，计算河床比降 99‰。竹林坳大桥沿着竹林坳到孟家湾的山脊顶面布设，斜跨一乡村公路和竹林坳九道河。大桥起点处地势较陡，坡度接近 50°，桥台施工难度大，左幅桥桥台为填方，右幅桥为挖方。竹林坳大桥桥面距沟谷底的高度约 140m。

竹林坳大桥为（98+180+98）m 预应力混凝土连续刚构桥，全桥跨径布置为（4×40+5×40）m 预应力混凝土 T 梁+（98+180+98）m 连续刚构+（4×40+3×40）m 预应力混凝土 T 梁，左幅长 1016.8m，

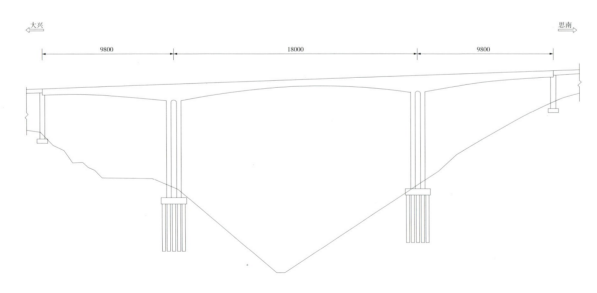

▲ 竹林坳大桥立面布置图（尺寸单位：cm）

▲ 竹林坳大桥实景图

右幅长 1020.4m，平曲线半径 $R=1600$m。主梁单箱单室截面，顶宽 12.0m，底宽 6.5m，根部梁高 11.0m，跨中梁高 4.0m，其间梁底曲线按 1.6 次抛物线变化。箱梁 0 号块顶、底板厚度分别为 50cm 和 120cm，腹板厚 80cm，其他节段顶板厚 28cm，底板厚度从根部的 120cm 按 1.8 次抛物线变化至跨中的 32cm，腹板从 0 号梁段到合龙段分别采用 80cm、50cm 和 45cm 三种厚度。主墩采用钢筋混凝土双肢矩形薄壁墩。

竹林坳大桥设计荷载等级为公路-Ⅰ级，设计行车速度 80km/h，设计基本地震动峰值加速度为 0.05g。桥面全宽 24.5m，双向四车道。

27 河北贺坪峡大桥
The Hepingxia Bridge in Hebei Province

贺坪峡大桥位于河北省邢台市境内，是 G2516 东营至吕梁高速公路河北境内邢台至冀晋界段上的一座大桥。该桥于 2011 年开工，2015 年 12 月通车。

桥址区属构造剥蚀中低山沟谷地貌，呈狭窄 V 形，沟谷切割深度达 174m。邢台岸山体自然坡度为 30°～44°，汾阳岸山体自然坡度为 35°～43°。坡体下为贺坪峡大峡谷，峡谷两侧为陡壁，坡度约 80°，桥位段峡谷宽约 20m。贺坪峡大桥桥面距谷底 167m。

贺坪峡大桥采用分幅设计，左幅主桥为（80+150+80）m 预应力混凝土连续刚构桥；右幅主桥为（80+140+75）m 预应力混凝土连续刚构桥。

左幅箱梁顶宽 14.13m，底宽 7.5m，翼缘悬臂长 3.315m，根部梁高 9.2m，跨中梁高 3.3m。标准顶板厚 28cm，根部顶板加厚至 50cm；底板厚度从跨中至根部由 32cm 变化为 110cm；腹板从根部至跨中分三段采用 85cm、65cm 和 50cm 三种厚度；梁高和底板厚度均按 2 次抛物线变化。主墩采用双肢薄壁墩，单肢截面尺寸 7.5m×2.0m，肢间净距 7m。基础采用 9 根直径为 2.2m 的钻（挖）孔灌注桩，纵、横向均按三排布置。

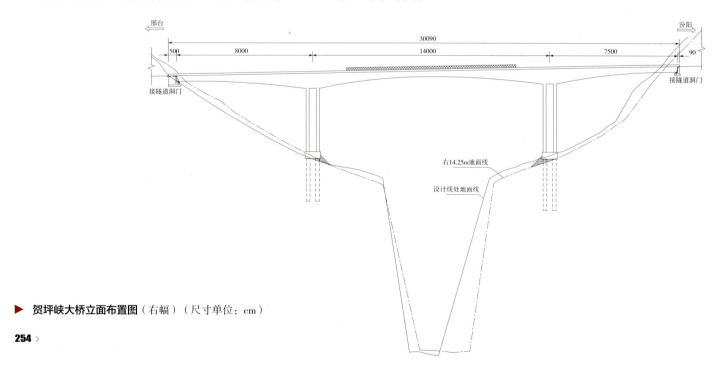

▶ 贺坪峡大桥立面布置图（右幅）（尺寸单位：cm）

PART FIVE
第五篇 梁 桥

右幅箱梁顶宽14.13m，底宽7.5m，翼缘悬臂长3.315m。根部梁高8.5m，跨中梁高3.0m；标准顶板厚28cm，根部顶板加厚至50 cm；底板厚度从跨中至根部由32cm变化为105cm；腹板从根部至跨中分三段采用85cm、65cm和50cm三种厚度；梁高和底板厚度均按2次抛物线变化。主墩采用双肢薄壁墩，单肢截面尺寸7.5m×1.8m，肢间净距4.4m。基础采用6根直径为2.2m的钻（挖）孔灌注桩，纵向两排、横向三排布置。

贺坪峡大桥设计荷载等级为1.3倍的公路-Ⅰ级，设计行车速度80km/h，设计基本地震动峰值加速度为0.05g。单幅桥面全宽14.13m，行车道净宽13.13m。

▶▼ 贺坪峡大桥施工图

28 重庆沿溪沟大桥
The Yanxigou Bridge in Chongqing Municipality

沿溪沟大桥位于重庆市黔江区境内，是G65包头至茂名高速公路重庆境内黔江至彭水段的一座大桥。该桥于2009年3月合龙。

桥址区为垄岗谷地，垄岗间为小型洼地型谷地，岩溶洼地、漏斗、落水洞发育，地表溶沟、溶槽及石芽发育。沿溪沟为断裂型溶蚀峡谷，切深约200m，两岸陡峭，桥轴线地面高程为579～620m，大桥桥面距沟底158m。

沿溪沟大桥主桥为（80+150+80）m预应力混凝土连续刚构桥，引桥为先简支后刚构预应力混凝土T梁。主梁采用分幅的单箱单室截面，顶宽12.0m，底宽6.5m，悬臂长度2.75m，根部梁高9.411m，跨中梁高3.2m；根部底板厚117.1cm，跨中底板厚32cm，梁高和底板厚

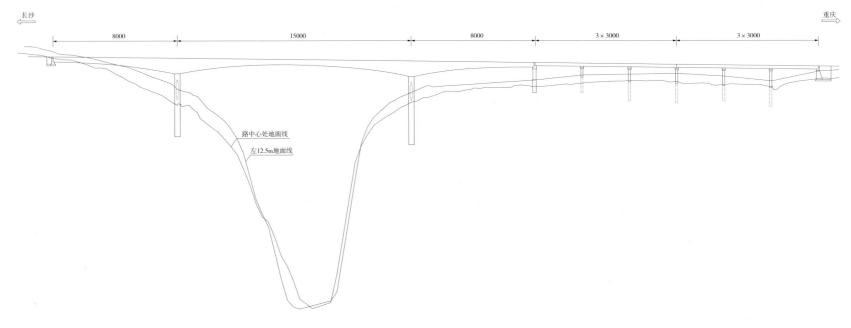

▲ **沿溪沟大桥立面布置图**（尺寸单位：cm）

PART FIVE
第五篇 梁 桥

度均按 2 次抛物线变化。箱梁腹板根部厚 70cm，跨中厚 40cm，中间由 7 个箱梁节段变化。箱梁顶板厚度 28cm，设 2% 的单向横坡。主墩墩身采用空心矩形截面，顺桥向厚 3.5m，横向宽 6.5m，壁厚 1.0m。由于主墩所处位置基岩埋置较浅，且强度较高，同时由于地形陡峭，考虑减少对山体的破坏和施工难度，基础采用明挖墙式基础，为 3.5m×6.5m 矩形截面。

沿溪沟大桥设计荷载等级为公路-Ⅰ级，设计行车速度 80km/h，设计基本地震动峰值加速度为 0.05g。桥面全宽 24.5m，双向四车道。

▶ 沿溪沟大桥实景图

29 陕西五里坡大桥
The Wulipo Bridge in Shaanxi Province

五里坡大桥位于陕西省千阳县和凤翔县交界处，跨越五里坡河，是宝汉高速公路宝鸡至陕甘界段上的一座大桥。该桥于 2009 年 8 月开工，2011 年 8 月合龙。

桥址区位于开阔的 U 形河谷，谷底平坦，两岸黄土岸坡陡峭，陇县岸为梯田，宝鸡岸较陡。河谷土层主要为粉质黏土、黄土卵石、泥岩砾岩和白云质灰岩。五里坡大桥桥面距谷底 173m。

五里坡大桥主桥为（85+4×160+85）m 预应力混凝土连续刚构桥，引桥为 30m 预应力混凝土连续小箱梁，全长 1238.0m。主梁采用单箱单室断面，顶宽 12.9m，底宽 7.0m，根部梁高 9.5m，跨中梁高 3.5m，其间梁底曲线按 2 次抛物线变化。箱梁顶板厚度 30cm，底板厚度由跨中 32cm 按 2 次抛物线变化至根部 110cm。5 个主墩的墩身均采用钢筋混凝土双肢薄壁空心墩，最大墩高 153m。桥墩和交界墩均采用直径为 2.0m 的钻孔灌注桩基础。

五里坡大桥设计荷载等级为公路-Ⅰ级，设计行车速度 100km/h，

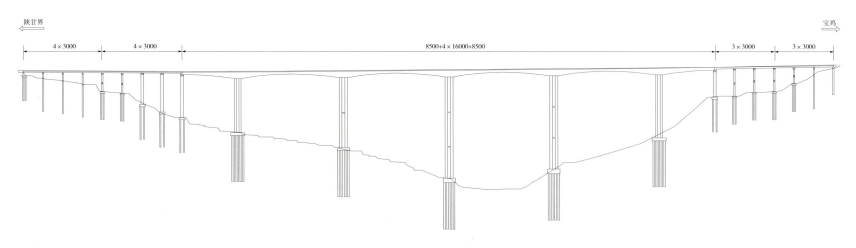

▲ 五里坡大桥立面布置图（尺寸单位：cm）

PART FIVE

第五篇　梁　桥

▲ 五里坡大桥实景图

设计基本地震动峰值加速度为 0.15g。桥面全宽 26.0m，双向四车道。

大桥在施工过程中采用了墩身液压爬模技术、高墩墩身及悬浇梁段混凝土自动喷淋养护系统和视频监控系统等先进技术。

30 陕西沮河大桥
The Juhe Bridge in Shaanxi Province

沮河大桥位于陕西省延安市黄陵县境内，跨越沮河，是G65包头至茂名高速公路陕西境内黄陵至铜川段上的一座大桥。该桥于2013年7月合龙。

桥址区处于V形河谷地带，谷底平坦，两侧岸坡较陡峭，基岩外露。河谷土层主要为黄土、强风化灰岩、中风化灰岩。两侧坡岸上冲沟发育，沟壁较整齐，桥墩设计时需要避开冲沟的不良影响。沮河大桥桥面距谷底159m。

沮河大桥主桥为（85+3×160+85）m预应力混凝土连续刚构桥，两岸引桥分别为30m和40m简支变连续预应力混凝土小箱梁。主梁采用单箱单室截面，顶宽16.65m，底宽8.65m，根部梁高9.8m，跨中梁高3.5m，顶板厚32cm，其间梁底曲线按1.8次抛物线变化。底板厚度由跨中32cm按1.8次抛物线变化至根部120cm；腹板分别采用60cm和80cm两种厚度。0号块顶板厚50cm，底板厚140cm，腹板厚110cm。中间2个主墩墩身采用矩形薄壁空心截面，

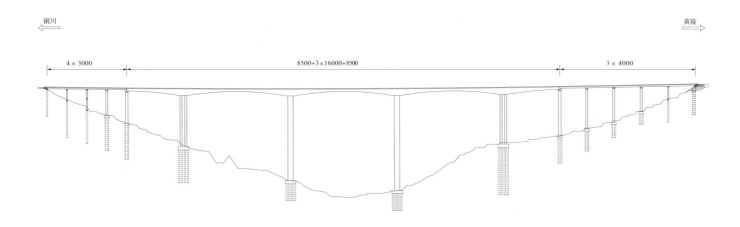

▲ 沮河大桥立面布置图（尺寸单位：cm）

PART FIVE

第 五 篇　梁　桥

横桥向宽 8.65~10.65m，顺桥向厚 9.0m；壁厚为顺桥向 70cm，横桥向 90cm。两侧 2 个主墩墩身采用双肢薄壁空心墩，单肢横桥向宽 8.65m，壁厚 90cm；顺桥向厚 3.0m，壁厚 70cm。主墩采用直径为 2.0m 的钻孔灌注桩基础，交接墩采用直径为 1.6m 的钻（挖）孔灌注桩基础。

沮河大桥设计荷载等级为公路 - Ⅰ级，设计行车速度 100km/h，设计基本地震动峰值加速度为 0.10g，设计基准风速 26.8m/s。桥面全宽 33.5m，双向六车道。

▼ 沮河大桥实景图

31 陕西洛河大桥
The Luohe Bridge in Shaanxi Province

洛河大桥位于陕西省延安市洛川县境内，跨越洛河峡谷，是 G65 包头至茂名高速公路陕西境内黄陵至延安段上的一座大桥。该桥于 2002 年 12 月开工，2006 年 10 月建成通车。

桥址区位于开阔的 U 形河谷，谷底平坦，黄陵岸为缓坡，延安岸较陡。河谷地带黄土发育，地表沟壑较多。洛河大桥桥面距谷底 152.5m。

洛河大桥主桥为（90 + 3×160 + 90）m 预应力混凝土连续刚构桥，黄陵岸引桥为 10×30m 预应力混凝土连续小箱梁，延安岸引桥为 3×30m 预应力混凝土连续小箱梁。主梁采用单箱单室截面，顶宽 12.0m，底宽 6.5m，根部梁高 9.0m，跨中梁高 3.5m，其间梁底曲线按 2 次抛物线变化。箱梁跨中顶板厚 28cm，根部顶板厚 50cm；底板厚由跨中 30cm 按 2 次抛物线变化至根部 110cm；腹板从 0 号梁段到合龙段分别采用 80cm、60cm 和 40cm 三种厚度。主墩墩身用双肢薄壁空心墩，最大墩高 143.5m，建成时为亚洲第一高墩。全桥基础均为挖孔灌注桩。

洛河大桥设计荷载等级为汽车 - 超 20 级，挂车 -120；设计行车速度 80km/h，抗震设防烈度为Ⅶ度。桥面全宽 24.5m，双向四车道。

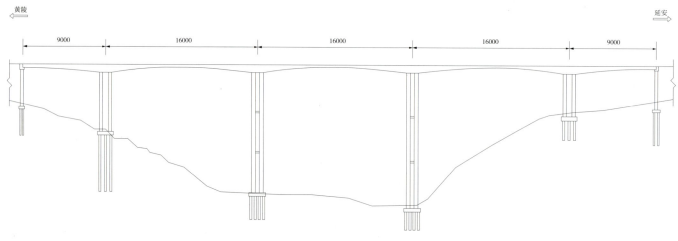

▲ 洛河大桥立面布置图（尺寸单位：cm）

PART FIVE
第 五 篇　梁　桥

▶ 洛河大桥实景图

32 贵州小江河大桥
The Xiaojianghe Bridge in Guizhou Province

小江河大桥位于贵州省铜仁市境内，同时跨越小江河、S201省道和渝怀铁路，是G56杭州至瑞丽高速公路贵州境内大兴至思南段上的一座大桥。该桥于2011年3月开工，2013年7月建成。

桥址区位于云贵高原向湘西丘陵过渡的斜坡地带，为构造侵蚀、溶蚀型低山U形河谷地貌，桥轴线地表高程为244.29～381.50m，相对高差137.21m，小江河大桥桥面距谷底108m。河谷处于锦江上游，长江流域沅江水系，谷内覆盖层深厚。

小江河大桥主桥为（85+3×160+85）m预应力混凝土连续刚构桥，主桥分幅设计，左幅跨径布置为4×30m先简支后结构连续小箱梁+（85+3×160+85）m连续刚构+30m简支小箱梁，全长813.888m；右幅跨径布置为5×30m先简支后结构连续小箱梁+（85+3×160+85）m连续刚构+30m简支小箱梁，全长842.440m。主梁采用单箱单室截面，顶宽12.25m，底宽6.5m，翼缘悬臂板长2.875m，根部梁高10.0m，跨中梁高3.2m，其间梁底曲线按1.6次抛物线变化。箱梁顶板厚度除在0号梁段处为48cm外，其余节段处均为30cm；底板厚度在0号梁段处为120cm，从根部至合龙段按1.6次抛物线从110cm渐变至32cm；腹板从根部至跨中分三段采用90cm、70cm、60cm和50cm四种厚度。主墩墩身采用双肢薄壁实心矩形截面，最大墩高102m，横

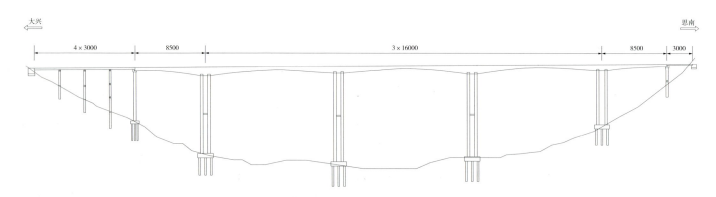

▲ 小江河大桥立面布置图（尺寸单位：cm）

PART FIVE
第五篇 梁 桥

桥向宽 8.5m；思南岸主墩顺桥向厚 2.6m，肢间净距为 6.8m；其余 3 个主墩顺桥向厚 3.2m，两肢间净距为 5.6m。主桥各墩均采用直径为 2.2m 的群桩基础。

小江河大桥设计荷载等级为公路 - Ⅰ 级，设计行车速度 80km/h，抗震设防烈度为 Ⅶ 度。单幅桥面全宽 12.25m，行车道净宽 11.25m。

▶▶ 小江河大桥实景图

33 安徽磨子潭 2 号大桥
The No.2 Mozitan Bridge in Anhui Province

磨子潭 2 号大桥位于安徽省霍山县境内，跨越山谷，两端分别与接线隧道相连，是 G35 济南至广州高速公路安徽境内六安至岳西段上的一座大桥。该桥于 2008 年 4 月合龙。

桥址区位于磨子潭水库下游峡谷地带，地表起伏大，两岸坡地陡峭。磨子潭 2 号大桥桥面距谷底 95.22m。

磨子潭 2 号大桥为（49.82+114+140+114+55.82）m 预应力混凝土连续刚构桥。主梁采用单箱单室截面，顶宽 11.8 m，底宽 6.5 m，主墩根部梁高 8.0m、次主墩根部梁高 6.0m，跨中及端部梁高均为 3.0m，其间梁底曲线按 1.8 次抛物线变化。主墩采用双肢薄壁空心墩，高 73.78m，墩顶与主梁固结；次主墩采用空心薄壁单墩，分别高 14.0m 和 33.0m，墩顶设盆式支座。桥墩基础均采用直径为 2.0m 的挖孔灌注桩，桩长 6.0~22.0m，皆为嵌岩桩。其中，每个主墩 9 根桩，每个次主墩 6 根桩。

磨子潭 2 号大桥设计荷载等级为公路 - I 级，设计行车速度 80km/h。单幅桥面全宽 11.8m，行车道净宽 10.8m。

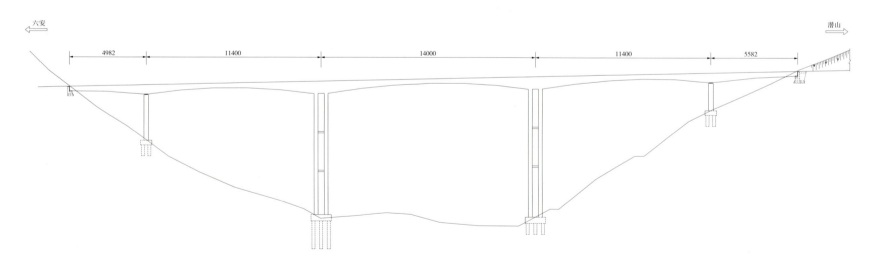

▲ 磨子潭 2 号大桥立面布置图（尺寸单位：cm）

PART FIVE
第 五 篇　梁　桥

▲ 磨子潭 2 号大桥施工图

▼ 磨子潭 2 号大桥实景图一

▲ 磨子潭 2 号大桥实景图二

PART FIVE
第五篇 梁 桥

34 吉林板石沟高架桥
The Banshigou Bridge in Jilin Province

板石沟高架桥位于吉林省珲春市境内，是 G12 珲春至乌兰浩特高速公路吉林境内珲春至图们段上的一座大桥。

板石沟高架桥主桥为（80+120+80）m 预应力混凝土连续刚构桥，桥梁高度 103m。主梁采用分幅的单箱单室截面，顶宽 12.25m，底宽 5.8m，根部梁高 6.0m，跨中及边跨现浇段梁高 2.8m，其间梁底曲线按 1.8 次抛物线变化。箱梁顶板和腹板的厚度为分段线性变化，顶板设 2% 的单向横坡。主桥主墩采用钢筋混凝土双肢薄壁矩形截面，最大墩高 70.6m，双肢间每隔 23~25m 设置一道横系梁；主桥边墩采用矩形空心截面。主桥 4 个桥墩均采用 9 根直径为 1.8m 的群桩基础。

板石沟高架桥设计荷载等级为公路-Ⅰ级，设计行车速度 80km/h，抗震设防烈度Ⅶ度。单幅桥面全宽 12.25m，行车道净宽 10.95m。

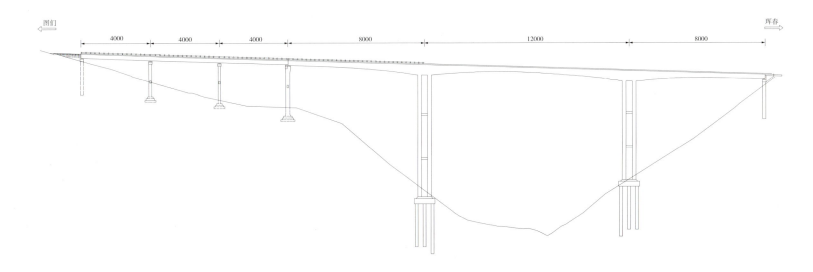

▲ 板石沟高架桥立面布置图（尺寸单位：cm）

中国公路峡谷大桥 CHINA HIGHWAY CANYON BRIDGES

▲ 板石沟高架桥实景图

PART FIVE
第五篇 梁桥

35 重庆宜居河大桥
The Yijuhe Bridge in Chongqing Municipality

宜居河大桥位于重庆市酉阳县境内，是 S26 重庆酉阳至贵州沿河高速公路重庆段上的一座大桥。

桥址区为中山峡谷地貌，总体呈 V 字形，桥轴线地面高程为 414.00～532.16m，相对高差约 118.16m。河谷岸坡地形陡峻，卸荷裂隙发育，宜居河由西至东流经河谷，水面宽 60~80m，为常年性河流。宜居河大桥桥面距水面 114.0m。

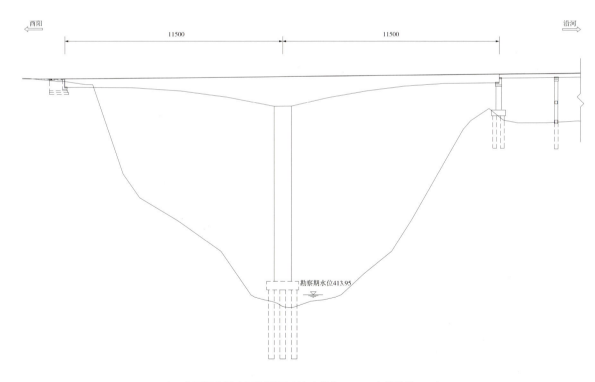

▲ 宜居河大桥立面布置图（尺寸单位：cm；高程单位：m）

宜居河大桥主桥为2×115m的单T刚构桥，主墩设置在宜居河中。主梁为分幅设置的单箱单室截面，顶宽11.0m，底宽6.6m，翼缘悬臂长2.2m。箱梁合龙段及边跨现浇段梁高4.5m，根部梁高15.5m，其间梁底曲线按2次抛物线变化。主墩采用矩形空心墩，截面尺寸为9.0m×8.0m，左幅墩高83.869m，右幅墩高89.787m；过渡墩采用实心墩，左幅墩高16.0m，右幅墩高12.5m。主墩基础为整体式高桩承台，每个承台下设12根直径为3.0m的嵌岩桩；过渡墩基础为4根直径为2.0m的群桩基础。

宜居河大桥设计荷载等级为公路-Ⅰ级，设计行车速度80km/h，抗震设防烈度Ⅶ度，设计基准风速24.0m/s。单幅桥面全宽11.0m，行车道净宽10.0m。

本桥采用的沟心设墩、一墩两跨的结构形式与山西仙神河大桥是一致的。这种方式既可以避免在陡坡上"动土"和布置桥墩的困难，又可以起到保护自然环境的作用，同时还可提高施工安全，减少边坡防护，降低诱发地质灾害的概率。

◀◀ 宜居河大桥施工图

PART FIVE
第 五 篇　梁　桥

36　广西拉会高架大桥
The Lahui Bridge in Guangxi Zhuang Autonomous Region

拉会高架大桥位于广西壮族自治区河池市境内，是 G75 兰州至海口高速公路和 G80 汕头至昆明高速公路上的一座大桥，也是广西高速公路网规划"六横七纵八支线"上的一座大桥。该桥于 2009 年正式开工，2012 年 5 月建成。

桥址区位于云贵高原向广西丘陵的过渡地带，属于典型的峡谷地段。受到地形条件限制，拉会高架大桥需跨越两个半径分别为 420m、540m 的曲线段，平面上呈 C 字形，桥面纵坡为 -4%，超高横坡为 6%，具有曲线半径小、纵坡大、横坡陡的突出特点，设计指标达到桥梁建设规范的极限。拉会高架大桥桥面至谷底高度为 138m。

拉会高架大桥主桥为（60+2×110+60）m 预应力混凝土连续刚构桥，分幅设计。左幅跨径布置为（5×30+5×30）m 先简支后连续预应力混凝土 T 梁 +（60+2×110+60）连续刚构 +5×40m 先简支后连续预应力混凝土 T 梁，全长 836.1978m；右幅跨径布置为（5×30+5×30）m 先简支后连续预应力混凝土 T 梁 +（60+2×110+60）m 连续刚构 +（4×40+4×30+3×30）m 先简支后连续预应力混凝土 T 梁，全长 1021.6m。主桥主梁采用单箱单室截面，顶宽 12.0m，底宽 7.0m，根部梁高 7.5m，合龙段及边跨现浇段梁高 2.8m，其间梁底曲线按 1.8 次抛物线变化。箱梁底板厚度采用 1.8 次抛物线从根部 85cm 变化至端部

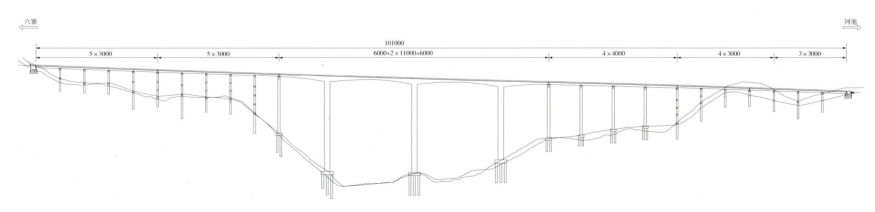

▲ 拉会高架大桥立面布置图（尺寸单位：cm）

及跨中30cm；腹板厚度从根部75cm变化至端部及跨中55cm。3个主墩墩身均为变截面空心矩形薄壁墩，最大墩高110.401m，顶部截面尺寸为7m×7m，壁厚90cm，顺桥向按100:1向下放坡。主墩采用6根直径为2.5m的钻孔灌注桩。

拉会高架大桥设计荷载等级为公路-Ⅰ级，设计行车速度80km/h，抗震设防烈度Ⅶ度。单幅桥面全宽12.0m，行车道净宽11.0m。

拉会高架大桥主墩采用整体式轻型滑架结合翻模施工法，即在塔架及电梯的配合下，墩身外安装一套整体式滑架，滑架与模板之间预留一定的间距，滑架作为模板安装和混凝土浇筑的施工平台，同时也作为墩身施工时的全封闭安全防护装置。

▼ **拉会高架大桥实景图**

CHINA HIGHWAY CANYON BRIDGES

INDEXES

中国公路峡谷大桥索引

CHINA HIGHWAY CANYON BRIDGES

中 国 公 路 峡 谷 大 桥

INDEXES

中国公路峡谷大桥索引

中国公路峡谷大桥索引

悬 索 桥

序号	桥梁名称	桥跨结构	所在地	所属公路	主跨(m)	桥梁高度(m)
1	金安金沙江大桥	钢桁梁悬索桥	云南省古城区与永胜县交界	G4216	1386	336
2	赤水河大桥	钢桁梁悬索桥	贵州省习水县与古蔺县交界	江津—习水—古蔺高速公路	1200	325
3	龙江大桥	钢箱梁悬索桥	云南省保山市	S10	1196	283
4	矮寨大桥	钢桁梁悬索桥	湖南省吉首市	G65	1176	335
5	清水河大桥	钢桁梁悬索桥	贵州省瓮安县	G69	1130	407
6	泸定大渡河大桥	钢桁梁悬索桥	四川省泸定县	G4218	1100	285
7	坝陵河大桥	钢桁梁悬索桥	贵州省关岭县	G60	1088	370
8	四渡河大桥	钢桁梁悬索桥	湖北省巴东县	G50	900	560
9	澧水大桥	钢桁梁悬索桥	湖南省永定区与永顺县交界	S10	856	400
10	虎跳峡金沙江大桥	独塔地锚式钢桁梁悬索桥	云南省香格里拉县与玉龙县交界	G0613	766	260
11	笋溪河大桥	钢桁梁悬索桥	重庆市江津区	江津—习水—古蔺高速公路	660	280
12	葫芦口大桥	钢桁梁悬索桥	四川省宁南县	G248	656	200
13	镇胜高速公路北盘江大桥	钢桁梁悬索桥	贵州省晴隆县	G60	636	320
14	普立大桥	钢桁梁悬索桥	云南省宣威市	G56	628	400
15	抵母河大桥	钢桁梁悬索桥	贵州省水城县	G56	538	360
16	关兴公路北盘江大桥	混凝土悬索桥	贵州省贞丰县与关岭县交界	关岭—兴义公路	388	460
17	西溪大桥	混凝土悬索桥	贵州省黔西县	G321	338	298.7
18	阿志河大桥	混凝土悬索桥	贵州省六盘水市	S314	283	247
19	落脚河大桥	混凝土悬索桥	贵州省大方县	G321	278	250
20	通麦大桥	独塔地锚式钢桁梁悬索桥	西藏自治区波密县	G318	256	75

斜拉桥

序号	桥梁名称	桥跨结构	所在地	所属公路	主跨（m）	桥梁高度（m）
1	鸭池河大桥	钢桁梁斜拉桥	贵州省黔西县	S82	800	258.2
2	毕都高速公路北盘江大桥	钢桁梁斜拉桥	贵州省水城县和云南省宣威市交界	G56	720	565
3	息黔高速公路六广河大桥	叠合梁斜拉桥	贵州省修文县和黔西县交界	S30	580	340
4	哇加滩黄河大桥	叠合梁斜拉桥	青海省化隆县与尖扎县交界	G0611	560	60
5	平塘大桥	三塔混合叠合梁斜拉桥	贵州省平塘县	S62	550	190
6	红水河大桥	叠合梁斜拉桥	贵州省罗甸县和广西壮族自治区天峨县交界	G69	508	130
7	六冲河大桥	混凝土斜拉桥	贵州省织金县	S55	438	334
8	迫龙沟大桥	混合梁斜拉桥	西藏自治区波密县	G318	430	88
9	忠建河大桥	钢桁梁斜拉桥	湖北省宣恩县	G6911	400	248
10	武佐河大桥	混凝土斜拉桥	贵州省织金县	G76	380	225
11	赤石大桥	四塔混凝土斜拉桥	湖南省宜章县	G76	380	182
12	武陵山大桥	混凝土斜拉桥	重庆市黔江区	G65	360	263
13	果子沟大桥	钢桁梁斜拉桥	新疆维吾尔自治区霍城县	G30	360	186.3
14	板江高速公路马岭河大桥	混凝土斜拉桥	贵州省兴义市	G78	360	127
15	道安高速公路乌江大桥	混合叠合梁斜拉桥	贵州省余庆县和湄潭县交界	G69	360	85
16	望安高速公路北盘江大桥	混凝土斜拉桥	贵州省册亨县和望谟县交界	S62	328	187.9
17	铁罗坪大桥	混凝土斜拉桥	湖北省长阳土家族自治县	G50	322	211.37
18	遵贵高速公路复线乌江大桥	混凝土斜拉桥	贵州省遵义市	G75	320	180
19	神农溪大桥	混凝土斜拉桥	湖北省巴东县	G42	320	160
20	荔枝乌江大桥	混凝土斜拉桥	重庆市涪陵区	G50S	320	160

INDEXES

中 国 公 路 峡 谷 大 桥 索 引

续上表

序号	桥梁名称	桥跨结构	所在地	所属公路	主跨（m）	桥梁高度（m）
21	清江大桥	独塔混凝土斜拉桥	湖北省恩施市	G50	220	120
22	何家坪大桥	独塔混凝土斜拉桥	重庆市巫山县	G42	180	130
23	南盘江大桥	混凝土矮塔斜拉桥	云南省开远市	G8011	180	104
24	芙蓉江大桥	地锚式独斜塔混凝土斜拉桥	贵州省道真县	G69	170	110
25	龙井河大桥	混凝土斜拉桥	贵州省纳雍县	G76	160	62
26	仙神河大桥	独塔混凝土矮塔斜拉桥	山西省泽州县	G55	123	170

拱　桥

序号	桥梁名称	桥跨结构	所在地	所属公路	主跨（m）	桥梁高度（m）
1	大小井大桥	钢管混凝土拱	贵州省罗甸县	S62	450	220
2	支井河大桥	钢管混凝土拱	湖北省巴东县	G50	430	277
3	大宁河大桥	钢桁拱桥	重庆市巫山县	G42	400	114
4	乌江三桥	箱形拱	重庆市武隆县	S205	364	100
5	总溪河大桥	钢管混凝土拱	贵州省纳雍县	G56	360	270
6	昭化嘉陵江大桥	钢筋混凝土箱拱	四川省昭化区	G75	350	120
7	小河大桥	钢管混凝土拱	湖北省恩施市	G50	338	208
8	江界河大桥	桁式组合拱	贵州省瓮安县	S205	330	263
9	香火岩大桥	钢管混凝土拱	贵州省开阳县	G75E	300	174
10	对坪金沙江大桥	钢筋混凝土箱拱	四川省金阳县	G353连接线	280	103
11	猛洞河大桥	钢管混凝土拱	湖南省永顺县	S10	268	230

续上表

序号	桥梁名称	桥跨结构	所在地	所属公路	主跨（m）	桥梁高度（m）
12	龙桥大桥	钢管混凝土拱	湖北省宣恩县	G6911	268	200
13	磨刀溪大桥	钢筋混凝土箱拱	四川省古蔺县	S26	266	164
14	冯家坪金沙江大桥	钢筋混凝土箱拱	四川省布拖县	G353 连接线	260	200
15	景阳河大桥	钢管混凝土拱	湖北省建始县	X020	260	125
16	北深沟大桥	钢管混凝土拱	山西省沁水县	S80	260	102
17	石门水库大桥	钢管混凝土拱	陕西省汉台区	宝鸡—汉中高速公路	248	75
18	银盘大桥	肋拱	重庆市武隆县	Y049	240	80
19	沙沱大桥	钢筋混凝土拱	贵州省沿河县	X540	240	50
20	南里渡大桥	钢管混凝土拱	湖北省恩施市	G318	220	160
21	苏龙珠黄河大桥	钢管混凝土拱	青海省循化县	G310	220	55
22	许沟大桥	钢筋混凝土箱拱	河南省义马市	G30	220	48
23	夜郎湖大桥	钢筋混凝土箱拱	贵州省普定县	S55	210	86
24	天池大桥	钢筋混凝土拱	福建省宁德市	S303	205	100
25	涪陵乌江大桥	钢筋混凝土箱拱	重庆市涪陵区	S103	200	80
26	鳡鱼大桥	钢筋混凝土箱拱	四川省盐边县	县道盐择路与柏观路联络线	200	67.5
27	六圭河大桥	钢筋混凝土拱	贵州省大方县	S209	197	155.2
28	细沙河大桥	钢管混凝土拱	重庆市酉阳县	G65	190	288
29	通阳金沙江大桥	钢筋混凝土箱拱	四川省金阳县	四川省 S210 线与云南省 G213 线的联络线	188	93
30	马蹄河大桥	钢筋混凝土箱拱	贵州省德江县	S25	180	167
31	鸡鸣三省大桥	钢筋混凝土箱拱	四川省叙永县	X011	180	160

INDEXES

中国公路峡谷大桥索引

续上表

序号	桥梁名称	桥跨结构	所 在 地	所属公路	主跨（m）	桥梁高度（m）
32	海马大桥	钢筋混凝土箱拱	贵州省金沙县和修文县交界	X186	180	132
33	平邑口桥	钢筋混凝土箱拱	湖北省兴山县	Y016	180	100
34	化皮冲大桥	钢筋混凝土拱	云南省峨山县	G8511	180	75
35	新雅江大桥	钢筋混凝土箱拱	四川省攀枝花市东区	G353	176	62.5
36	花溪大桥	钢管混凝土拱	贵州省花溪区	S01	175	51
37	羊角乌江大桥	钢筋混凝土箱拱	重庆市武隆县	C482	170	80
38	木蓬大桥	钢筋混凝土箱拱	贵州省石阡县	S25	165	107
39	乌江四桥	钢筋混凝土箱拱	重庆市彭水县	S418	163	75
40	无源洞大桥	钢筋混凝土箱拱	湖北省巴东县	Y078	160	180
41	索子沟大桥	钢筋混凝土箱拱	四川省泸定县	S211	160	123
42	云泉大桥	钢筋混凝土箱拱	贵州省榕江县	G60	160	60.4
43	白沙沟1号大桥	钢筋混凝土箱拱	四川省盐边县	G5	150	98
44	油盆大桥	钢筋混凝土箱拱	重庆市武隆县	S204	150	80
45	两河口大桥	钢筋混凝土箱拱	重庆市黔江区	G319	150	75
46	丹河大桥	石板拱	山西省泽州县	G5512	146	80.6
47	罗岩大桥	钢筋混凝土箱拱	重庆市彭水县	S313	140	120
48	泥溪沟2号大桥	钢筋混凝土肋拱	四川省万源市	G65	140	96
49	乌江二桥	钢筋混凝土箱拱	重庆市武隆县	S203	140	80
50	花江大桥	钢筋混凝土拱	贵州省关岭县	S210	140	47.9
51	乌江大桥	钢筋混凝土箱拱	重庆市武隆县	Y001	135	100
52	斜阳溪大桥	钢筋混凝土箱拱	重庆市涪陵区	S16	132	80.3
53	平地坝大桥	钢筋混凝土箱拱	湖北省宣恩县	S232	132	78

续上表

序号	桥梁名称	桥跨结构	所在地	所属公路	主跨（m）	桥梁高度（m）
54	锣鼓洞桥	钢筋混凝土箱拱	湖北省秭归县	C184	130	143
55	海螺沟青杠坪大桥	钢筋混凝土箱拱	四川省泸定县	S434	130	68
56	天子山大桥	钢管混凝土桁式组合拱	湖南省双牌县	S216	125	101
57	龙塘河大桥	钢筋混凝土箱拱	贵州省务川县	Y014	125	91.5
58	黄金大桥	钢筋混凝土箱拱	湖北省通山县	C279	120	200
59	珍珠大桥	钢筋混凝土箱拱	贵州省务川县	X350	120	98
60	磨刀沟大桥	钢筋混凝土箱拱	贵州省毕节市	G76	120	98
61	八舟大桥	钢筋混凝土箱拱	贵州省黎平县	S84、S15	120	64.606
62	草鞋垭大桥	钢筋混凝土箱拱	贵州省遵义县	G65	120	58
63	乌巢河大桥	全空腹式石肋拱	湖南省凤凰县	X034	120	42
64	山河口石拱桥	双曲拱	河南省卢氏县	Y001	118	75
65	峡江大桥	钢筋混凝土箱拱	重庆市黔江区	S203	110	90
66	猫儿沟桥	钢筋混凝土箱拱	重庆市武隆县	G319	110	80
67	红星大桥	向日葵式三铰双曲拱	湖南省炎陵县	S322	107.36	67
68	芙蓉江大桥	双曲拱	重庆市武隆县	G319	105.6	150
69	牛鼻孔大桥	钢筋混凝土箱拱	湖北省通山县	Y096	100	180
70	郭溪沟桥	钢筋混凝土箱拱	重庆市武隆县	G353	100	120
71	野鸡岩1号大桥	钢筋混凝土箱拱	贵州省麻江县	G60	100	65.32
72	羊跳1号大桥	钢筋混凝土箱拱	贵州省麻江县	G60	100	53.09
73	三洞水大桥	钢筋混凝土箱拱	湖北省长阳县	Y117	98	180
74	云南庄大桥	钢筋混凝土箱拱	湖北省鹤峰县	S325	98	110
75	仙仁大桥	刚架拱	湖南省保靖县	保靖—古丈公路	80	56.5

INDEXES

梁 桥

序号	桥梁名称	桥跨结构	所在地	所属公路	主跨（m）	桥梁高度（m）
1	水盘高速公路北盘江大桥	空腹式连续刚构	贵州省水城县	S77	290	243
2	元江大桥	连续刚构	云南省元江县	G8511	265	163
3	大树大渡河大桥	连续刚构	四川省汉源县	S435	255	124
4	赤水河大桥	连续刚构	四川省叙永县	G76	248	190
5	贵毕高速公路六广河大桥	连续刚构	贵州省修文县	G321	240	280
6	龙河大桥	连续刚构	重庆市丰都县	G50s	240	203
7	平寨大桥	连续刚构	贵州省晴隆县	G60	235	97
8	洋水河大桥	连续刚构	贵州省开阳县和息烽县交界	S30	230	258
9	芙蓉江大桥	连续刚构	重庆市武隆县和彭水县交界	S204	230	223
10	三岔河大桥	连续刚构	贵州省织金县	G76	230	220
11	汤溪河大桥	连续刚构	重庆市云阳县	G42	230	132
12	倮果金沙江大桥	连续刚构	四川省东区	G4216	230	108
13	大水井金沙江大桥	连续刚构	四川省仁和区	G4216	230	83
14	新寨河大桥	连续刚构	贵州省普安县	G60	230	80.4
15	法郎沟大桥	连续刚构	贵州省毕节市	G76	225	223
16	虎跳河大桥	连续刚构	贵州省普安县	G60	225	150
17	漭街渡大桥	连续刚构	云南省凤庆县	接漾线	220	220
18	猴子河大桥	连续刚构	贵州省榕江县	G76	220	219
19	凯峡河大桥	连续刚构	贵州省石阡县	S30	220	204
20	北盘江大桥	连续刚构	贵州省贞丰县	S50	220	175
21	南盘江大桥	连续刚构	云南省宜良县	G324	220	167

续上表

序号	桥梁名称	桥跨结构	所 在 地	所属公路	主跨（m）	桥梁高度（m）
22	茅台大桥	连续刚构	贵州省仁怀市	S55	220	154.59
23	庙子坪岷江大桥	连续刚构	四川省都江堰市	G4217	220	120
24	石门坎大桥	连续刚构	贵州省都匀市	S85	220	86.8
25	泸定大渡河大桥	连续刚构	四川省泸定县	S211	210	148
26	韩家店1号大桥	连续刚构	贵州省桐梓县	G75	210	116
27	安稳大桥	连续刚构	重庆市綦江区	G75	210	84
28	腊八斤大桥	连续刚构	四川省荥经县	G5	200	271
29	金阳河大桥	连续刚构	四川省金阳县	G356	200	260
30	黑石沟大桥	连续刚构	四川省荥经县	G5	200	246
31	二郎河大桥	连续刚构	贵州省习水县	G4215	200	245
32	山店江大桥	连续刚构	湖南省汝城县	G76	200	226
33	桐梓大桥	连续刚构	贵州省桐梓县	G4215	200	226
34	朱昌河大桥	连续刚构	贵州省盘县	G60	200	224
35	七星河大桥	连续刚构	贵州省赫章县	S20	200	221
36	马水河大桥	连续刚构	湖北省建始县和恩施市交界	G50	200	220
37	魏家洲大桥	连续刚构	湖北省长阳土家族自治县	G50	200	219
38	纳雍大桥	连续刚构	贵州省纳雍县	G76	200	208
39	天桥大桥	连续刚构	贵州省威宁县	S20	200	197
40	龙潭河大桥	连续刚构	湖北省长阳土家族自治县	G50	200	192
41	排调河1号大桥	连续刚构	贵州省三都县	G76	200	182
42	新庄特大桥	连续刚构	云南省华坪县	G4216	200	181
43	野三河大桥	连续刚构	湖北省建始县	G50	200	180

INDEXES

中 国 公 路 峡 谷 大 桥 索 引

续上表

序号	桥梁名称	桥跨结构	所 在 地	所属公路	主跨（m）	桥梁高度（m）
44	石桥大桥	连续刚构	贵州省丹寨县	S62	200	165
45	冷水河大桥	连续刚构	四川省叙永县	G76	200	164
46	贵遵高速公路乌江大桥	连续刚构	贵州省遵义县	G75	200	151
47	杨家岭大桥	连续刚构	重庆市忠县	G50	200	146
48	大思高速公路乌江大桥	连续刚构	贵州省思南县	G56	200	146
49	月亮包大桥	连续刚构	重庆市云阳县	G42	200	125
50	苍溪嘉陵江大桥	连续刚构	四川省苍溪县	G75	200	113
51	徐水沟大桥	连续刚构	陕西省合阳县	G5	200	105
52	石马河大桥	连续刚构	重庆市巫山县	G42	200	90
53	土坎乌江大桥	连续刚构	重庆市武隆县	G65	200	85
54	金厂岭澜沧江大桥	连续刚构	云南省永平县和隆阳区交界	G56	200	83
55	龙川河大桥	连续刚构	贵州省石阡县	S25	200	74
56	碾子坪大桥	连续刚构	贵州省七星关区	G76	190	196.3
57	耳海河大桥	连续刚构	贵州省黔西县	S55	190	195
58	牛栏江大桥	连续刚构	云南省会泽县与鲁甸县交界	G85	190	180
59	马过河大桥	连续刚构	云南省富民县	S101	190	180
60	狗耳峡大桥	连续刚构	重庆市武隆县	S204	190	136
61	西溪河大桥	连续刚构	贵州省黔西县	S82	190	120
62	三水河大桥	连续刚构	陕西省旬邑县	G69	185	194.5
63	五岔河大桥	连续刚构	贵州省仁怀市	G4215	180	230
64	熊家沟大桥	连续刚构	云南省宣威市	G85	180	209
65	赫章大桥	连续刚构	贵州省赫章县	S20	180	205

续上表

序号	桥梁名称	桥跨结构	所在地	所属公路	主跨（m）	桥梁高度（m）
66	牛家沟大桥	连续刚构	云南省大关县	G85	180	203
67	石亮河大桥	连续刚构	四川省古蔺县	S26	180	170
68	小河大桥	连续刚构	贵州省铜仁市	S25	180	155
69	螺丝寨大桥	连续刚构	四川省叙永县	S26	180	150
70	三岔沟大桥	连续刚构	云南省大关县	G85	180	147
71	红石梁1号大桥	连续刚构	重庆市云阳县	G42	180	140
72	竹林坳大桥	连续刚构	贵州省印江县	G56	180	140
73	兑房河大桥	连续刚构	云南省泸水县	S228	180	140
74	乌细沟大桥	连续刚构	贵州省榕江县	G76	180	127
75	舞阳河大桥	连续刚构	贵州省镇远县	S25	180	119
76	乌江大桥	连续刚构	贵州省铜仁市	S25	180	112
77	古蔺河1号桥	连续刚构	四川省古蔺县	S26	180	105
78	龙洞河大桥	连续刚构	重庆市巫山县	G42	180	104
79	岩湾河大桥	连续刚构	贵州省道真县	G69	180	103
80	厂溪大桥	连续刚构	四川省宣汉县	G65	180	95.5
81	巴阳2号大桥	连续刚构	重庆市云阳县	G42	180	94
82	梨香溪大桥	连续刚构	重庆市涪陵区	G50s	180	92
83	坪子上大桥	连续刚构	贵州省仁怀市	S55	180	82
84	黑冲沟大桥	连续刚构	云南省个旧市	G8011	180	50
85	塘屋岭大桥	连续刚构	广西壮族自治区灌阳县	G76	172	118
86	双河口大桥	连续刚构	湖北省长阳土家族自治县	G50	170	162
87	郁山大桥	连续刚构	重庆市彭水县	G319	170	157

INDEXES

中 国 公 路 峡 谷 大 桥 索 引

续上表

序号	桥梁名称	桥跨结构	所在地	所属公路	主跨（m）	桥梁高度（m）
88	江门口大桥	连续刚构	云南省兰坪县	澜沧江沿江公路	170	140
89	太枣沟大桥	连续刚构	陕西省合阳县	G5	170	125.5
90	老庄河大桥	连续刚构	陕西省洛川县	G65	170	114
91	回箐沟大桥	连续刚构	四川省米易县	G5	170	93
92	都柳江2号大桥	连续刚构	贵州省榕江县	G76	170	72.493
93	姜嫄河桥	连续刚构	陕西省旬邑县	G69	165	142
94	望龙包大桥	连续刚构	贵州省水城县	S77	160	208
95	下平川大桥	连续刚构	贵州省盘县	S77	160	191.6
96	温泉大桥	连续刚构	贵州省息烽县	S30	160	183
97	五里坡大桥	连续刚构	陕西省千阳县和凤翔县交界	宝鸡—汉中高速公路	160	173
98	沮河大桥	连续刚构	陕西省黄陵县	G65	160	159
99	洛河大桥	连续刚构	陕西省洛川县	G65	160	152.5
100	岩根河大桥	连续刚构	贵阳市瓮安县	G69	160	152
101	黄河大桥	连续刚构	晋陕交界处延水关	G2211	160	150
102	葫芦河大桥	连续刚构	陕西省黄陵县	G65	160	147.471
103	西游洞大桥	连续刚构	云南省五华区	G5	160	145
104	南村大桥	连续刚构	陕西省凤翔县	宝鸡—汉中高速公路	160	136
105	老鹰岩大桥	连续刚构	贵州省水城县	S77	160	136
106	大铁沟大桥	连续刚构	河南省洛宁县	S85	160	130
107	也送坡大桥	连续刚构	贵州省三都县	G76	160	129
108	普安1号大桥	连续刚构	贵州省普安县	G60	160	127
109	涧口河大桥	连续刚构	陕西省千阳县	宝鸡—汉中高速公路	160	120

续上表

序号	桥梁名称	桥跨结构	所在地	所属公路	主跨（m）	桥梁高度（m）
110	八抱树大桥	连续刚构	云南省石屏县	G323	160	117
111	浊峪河大桥	连续刚构	陕西省耀州区	G65W	160	116.8
112	赵氏河大桥	连续刚构	陕西省耀州区	G65W	160	116
113	淤泥河大桥	连续刚构	陕西省黄陵县	G65	160	112.5
114	岩子脚大桥	连续刚构	贵州省盘县	S77	160	108.1
115	小江河大桥	连续刚构	贵州省铜仁市	G56	160	108
116	小铁沟大桥	连续刚构	河南省洛宁县	S85	160	105
117	通江河大桥	连续刚构	四川省平昌县	G5012	160	103.8
118	金沙大桥	连续刚构	贵州省金沙县	G56	160	101.4
119	垄井大桥	连续刚构	贵州省金沙县	G56	160	98.9
120	下马基1号大桥	连续刚构	贵州省普安县	G60	160	73.4
121	普安2号大桥	连续刚构	贵州省普安县	G60	160	73.4
122	下马基2号大桥	连续刚构	贵州省普安县	G60	160	70.4
123	小寨大桥	连续刚构	贵州省晴隆县	G60	160	70
124	船岭崇大桥	连续刚构	福建省长汀县	G76	155	130
125	贺坪峡大桥	连续刚构	河北省邢台县	G2516	150	167
126	沿溪沟大桥	连续刚构	重庆市黔江区	G65	150	158
127	杨家屋场2号大桥	连续刚构	重庆市巫山县	G42	150	152
128	芝来沟大桥	连续刚构	云南省大关县	G85	150	142
129	洒渔河大桥	连续刚构	云南省大关县	G85	150	140
130	寂静大桥	连续刚构	重庆市巫溪县	G6911	150	134
131	小花沟大桥	连续刚构	陕西省旬邑县	G69	150	132.8

INDEXES

中国公路峡谷大桥索引

续上表

序号	桥梁名称	桥跨结构	所在地	所属公路	主跨（m）	桥梁高度（m）
132	滹沱河大桥	连续刚构	山西省盂县	S45	150	131.6
133	小营盘大桥	连续刚构	贵州省思南县	G56	150	130
134	芭茅冲大桥	连续刚构	贵州省都匀市	S85	150	125
135	桐子园大桥	连续刚构	贵州省思南县	G65	150	122
136	龙井湾大桥	连续刚构	贵州省织金县	G76	150	120
137	清溪沟大桥	连续刚构	重庆市涪陵区	G50s	150	116
138	台辰大桥	连续刚构	贵州省丹寨县	S62	150	110
139	麻元大桥	连续刚构	贵州省六枝特区	G7611	150	108
140	清水江大桥	连续刚构	贵州省凯里市	S87	150	101.5
141	黑土大桥	连续刚构	贵州省织金县	S55	150	100.3
142	杨家屋场1号大桥	连续刚构	重庆市巫山县	G42	150	100
143	石子窝大桥	连续刚构	贵州省遵义县	G69	150	100
144	百大大桥	连续刚构	广西壮族自治区百色市	S60	150	99
145	老寨大桥	连续刚构	贵州省罗甸县	G69	150	97
146	八吉溪大桥	连续刚构	贵州省榕江县	G76	150	96
147	黑竹林大桥	连续刚构	重庆市涪陵区	G50s	150	86
148	唐乃亥黄河大桥	连续刚构	青海省兴海县和同德县交界	G573	150	80
149	里牙寨大桥	连续刚构	贵州省罗甸县	G69	150	79
150	乌江六桥	连续刚构	重庆市彭水县	Y035	150	78
151	重安江大桥	连续刚构	贵州省黄平县	S87	150	76
152	上坝大桥	连续刚构	贵州省思南县	G56	150	76
153	白家咀大桥	连续刚构	四川省平昌县	S202连接线	145	97

续上表

序号	桥梁名称	桥跨结构	所在地	所属公路	主跨（m）	桥梁高度（m）
154	石梁子大桥	连续刚构	重庆市丰都县	G69	140	144.82
155	夹岩大桥	连续刚构	贵州省六枝特区	S87	140	141
156	坳田沟大桥	连续刚构	云南省昭通市	S307	140	140
157	李家洼沟大桥	连续刚构	陕西省黄陵县	G65W	140	138
158	孙家河大桥	连续刚构	陕西省耀州区	G65W	140	130
159	封侯沟大桥	连续刚构	陕西省永寿县	G70	140	129
160	柳沟大桥	连续刚构	陕西省王益区	G65W	140	128
161	淤泥河大桥	连续刚构	陕西省黄陵县	G65W	140	123
162	桥子沟大桥	连续刚构	陕西省黄陵县	G65W	140	119
163	扁担沟大桥	连续刚构	陕西省耀州区	G65W	140	118
164	湖润1号大桥	连续刚构	广西壮族自治区靖西县	S60	140	109
165	石滓经河大桥	连续刚构	四川省荥经县	G5	140	106.8
166	州河大桥	连续刚构	四川省通川区	G5012	140	106
167	湖润4号大桥	连续刚构	广西壮族自治区靖西县	S60	140	105.9
168	玉皇阁大桥	连续刚构	陕西省耀州区	耀旬路	140	100
169	磨子潭2号大桥	连续刚构	安徽省霍山县	G35	140	95.22
170	磨子潭1号大桥	连续刚构	安徽省霍山县	G35	140	94.83
171	姚家坡大桥	连续刚构	重庆市云阳县	G42	140	94
172	沐溪河大桥	连续刚构	四川省沐川县	G213	140	90
173	青杠嘴大渡河大桥	连续刚构	四川省汉源县	G5	140	87.2
174	陈家沟大桥	连续刚构	重庆市云阳县	G42	140	86
175	牛棚大桥	连续刚构	云南省个旧市	G8011	140	75

INDEXES

中 国 公 路 峡 谷 大 桥 索 引

续上表

序号	桥梁名称	桥跨结构	所 在 地	所属公路	主跨（m）	桥梁高度（m）
176	金水沟大桥	连续刚构	陕西省合阳县	G5	136	105.5
177	秦塬大桥	连续刚构	陕西省旬邑县	G69	135	121.8
178	对龙河大桥	连续刚构	云南省官渡区	G85,G56,G60 共线段	135	111
179	白马大桥	连续刚构	重庆市巫溪县	G6911	135	105
180	白涧河大桥	连续刚构	河南省济源市	G55	135	104
181	小旱庄大桥	连续刚构	贵州省毕节市	毕节——二龙关高速公路	135	96
182	黄平大桥	连续刚构	贵州省黄平县	S87	135	81.5
183	韩家沟大桥	连续刚构	贵州省毕节市	G76	130	139.2
184	头道河大桥	连续刚构	四川省古蔺县	S26	130	112
185	三岔河大桥	连续刚构	贵州省余庆县	G69	130	109
186	摆鲁坡高架桥	连续刚构	贵州省贵定县	S85	130	96
187	洛香大桥	连续刚构	贵州省黎平县	G76	130	95
188	凉水井大桥	连续刚构	重庆市涪陵区	G50s	130	83
189	茶园溪大桥	连续刚构	重庆市涪陵区	G50s	130	78
190	老王田大桥	连续刚构	贵州省息烽县	G75	130	77.5
191	官林大桥	连续刚构	贵州省德江县	S25	130	73
192	水打田 2 号大桥	连续刚构	贵州省普安县	G60	130	70.1
193	龙底江大桥	连续刚构	贵州省思南县	S25	130	51.21
194	寨子岭大桥	连续刚构	贵州省正安县	G69	125.5	80.2
195	黄清沟大桥	连续刚构	青海省兴海县	G214	125	86
196	奉溪大桥	单 T 形刚构	重庆市巫溪县	G6911	120	90～100
197	椒子坪大桥	连续刚构	重庆市巫山县	G42	120	147

续上表

序号	桥梁名称	桥跨结构	所在地	所属公路	主跨（m）	桥梁高度（m）
198	董家沟大桥	连续刚构	陕西省黄陵县	G65W	120	135
199	吕村河1号大桥	连续刚构	陕西省耀州区	G3511	120	135
200	龙颈寨大桥	连续刚构	湖北省巴东县	G42	120	130
201	河头1号大桥	连续刚构	贵州省水城县	S77	120	130
202	小湾大桥	连续刚构	云南省宣威市	G56	120	130
203	沙溪沟大桥	连续刚构	重庆市丰都县	G50s	120	127
204	新寨大桥	连续刚构	贵州省水城县	S77	120	127
205	汶溪大桥	连续刚构	重庆市丰都县	G50s	120	125
206	中吕村大桥	连续刚构	陕西省耀州区	G3511	120	124.4
207	尕玛羊曲黄河大桥	连续刚构	青海省兴海县和贵南县交界	G572	120	124
208	黑沟1号大桥	连续刚构	陕西省耀州区	G3511	120	123
209	古龙山大桥	连续刚构	广西壮族自治区靖西县	S60	120	117.5
210	喻家沟大桥	连续刚构	重庆市石柱县	G69	120	113.6
211	桐龄子村大桥	连续刚构	陕西省耀州区	G3511	120	105.6
212	三岔土大桥	连续刚构	贵州省毕节市	S55	120	104
213	逢石河大桥	连续刚构	河南省济源市	S28	120	104
214	狗跳岩大桥	连续刚构	贵州省盘县	G56	120	100
215	指路溪大桥	连续刚构	重庆市涪陵区	G50s	120	99
216	巴阳1号大桥	连续刚构	重庆市云阳县	G42	120	98
217	鱼洞大桥	连续刚构	贵州省凯里市	S87	120	97.8
218	中坪大桥	连续刚构	贵州省毕节市	S55	120	97
219	高朝门大桥	连续刚构	重庆市涪陵区	G348	120	96

INDEXES

续上表

序号	桥梁名称	桥跨结构	所在地	所属公路	主跨（m）	桥梁高度（m）
220	天池大桥	连续刚构	贵州省德江县	G65	120	95
221	沙塘坝大桥	连续刚构	重庆市涪陵区	G69	120	94
222	板石沟高架桥	连续刚构	吉林省珲春市	G12	120	103
223	前邢家河大桥	连续刚构	河南省洛宁县	S85	120	90
224	白玉村大桥	连续刚构	云南省洱源县	G5611	120	90
225	渔泉溪大桥	连续刚构	湖北省长阳土家族自治县	G50	120	89
226	四角田1号大桥	连续刚构	贵州省普安县	G60	120	89
227	黄泥堡大桥	连续刚构	贵州省印江县	G56	120	88
228	白水峪大桥	连续刚构	河南省卢氏县	S59	120	84
229	杨庄大桥	连续刚构	河南省洛宁县	S85	120	83
230	半坡1号大桥	连续刚构	河南省洛宁县	S85	120	82
231	拉路河大桥	连续刚构	贵州省织金县	G76	120	80
232	龙桥大桥	连续刚构	重庆市彭水县	G211	120	79
233	摆捞河大桥	连续刚构	贵州省丹寨县	S62	120	77
234	清水江大桥	连续刚构	贵州省锦屏县	S84、S15	120	66.403
235	南崖大桥	连续刚构	河南省济源市	S28	120	65.29
236	毛坯子大桥	连续刚构	重庆市渝北区	G65	116	86
237	宜居河大桥	单T形刚构	重庆市酉阳县	S26	115	114
238	列斜沟大桥	连续刚构	陕西省潼关县	G310	115	100
239	向阳庙大桥	连续刚构	重庆市渝北区	G351	115	80
240	曹河大桥	连续刚构	安徽省岳西县	S18	115	75
241	富春大桥	连续刚构	四川省汉源县	G5	114	108.5

续上表

序号	桥梁名称	桥跨结构	所 在 地	所属公路	主跨（m）	桥梁高度（m）
242	唐家湾大桥	连续刚构	四川省汉源县	G5	114	91.5
243	周家山大桥	连续刚构	重庆市渝北区	G351	112	103
244	城门洞大桥	连续刚构	四川省盐边县	G5	110	113
245	土地岩大桥	连续刚构	重庆市忠县	G50	110	87
246	石庙大桥	连续刚构	重庆市忠县	G50	110	84
247	高岩嘴大桥	连续刚构	重庆市忠县	G50	110	82
248	那龙3号大桥	连续刚构	广西壮族自治区那坡县	S60	110	79.5
249	银窝滩大桥	连续刚构	重庆市巫山县	G42	110	76
250	太平庄大桥	连续刚构	重庆市綦江区	G75	110	75
251	拉会高架大桥	连续刚构	广西壮族自治区河池市	G75、G80	108.79	138
252	朝阳大桥	连续刚构	陕西省长武县	G70	100	125
253	桃园大桥	连续刚构	陕西省富县	G65W	100	110
254	红岩坡大桥	单T形刚构	贵州省碧江区	S15	100	107
255	瓮溪大桥	连续刚构	贵州省道真县	G69	100	98
256	通天河大桥	连续刚构	青海省曲麻莱县与治多县交界	S308	100	94.5
257	狼冲口大桥	连续刚构	广西壮族自治区平南县	G6517	100	92

CHINA HIGHWAY CANYON BRIDGES # SITE SURVEY
中国公路峡谷大桥现场调研记录

CHINA HIGHWAY CANYON BRIDGES

中 国 公 路 峡 谷 大 桥

SITE SURVEY
中国公路峡谷大桥现场调研记录

中国公路峡谷大桥现场调研记录

序号	省(市、自治区)	调研时间	桥 名	桥型结构	主跨(m)	桥面高度(m)	所在地	所属路线	典型度
1	广西	2016.3.14	拉会高架大桥	连续刚构桥	108.79	138	河池市	G75	典型
2		2016.3.15	百大大桥	连续刚构桥	150	91	百色市	S60	典型
3		2016.3.16	古龙山大桥	连续刚构桥	120	121	百色市	S60	典型
4		2016.3.16	湖润1号大桥	连续刚构桥	140	95	百色市	S60	典型
5	湖南	2016.3.17	矮寨大桥	钢桁梁悬索桥	1176	335	湘西土家族苗族自治州吉首市	G65	典型
6		2016.3.18	乌巢河大桥	石拱桥	120	42	凤凰县	县道	典型
7		2016.3.19	仙仁大桥	刚架拱桥	80	56.5	保靖县	保靖—古丈公路	典型
8		2016.3.19	澧水大桥	钢桁梁悬索桥	856	400	桥位东岸地处张家界市永定区，西岸地处湘西自治州永顺县	S10	典型
9		2016.3.19	猛洞河大桥	钢管混凝土拱桥	255	230	永顺县	S10	典型
10		2016.3.20	张家界大峡谷玻璃桥	钢箱肋梁悬索桥	430	300	张家界市	景观桥	典型
11	云南	2016.4.2	龙江大桥	钢箱梁悬索桥	1196	283	龙陵县和腾冲县交界	S10	典型
12		2016.4.4	瑞丽江大桥	混凝土矮塔斜拉桥	180	34	瑞丽市	G56	非典型
13		2016.4.4	金厂岭澜沧江大桥	连续刚构桥	200	83	永平县和保山市隆阳区交界	G56	典型
14		2016.4.5	怒江大桥	连续刚构桥	160	65	保山市隆阳区	G56	典型
15		2016.4.6	虎跳金沙江大桥	独塔地锚式钢桁梁悬索桥	766	260	迪庆州香格里拉县与丽江市玉龙县交界	G0613	典型
16		2016.4.7	白塔大桥	钢筋混凝土拱桥	129	约30	景洪市	澜沧江景洪电站	非典型
17		2016.4.8	景洪大桥	混凝土独塔斜拉桥	156	107.5	景洪市	城市道路	非典型

续上表

序号	省(市、自治区)	调研时间	桥名	桥型结构	主跨(m)	桥面高度(m)	所在地	所属路线	典型度
18	陕西	2016.4.15	石门水库大桥	钢管混凝土拱桥	248	75	汉中市	宝鸡—汉中高速公路	典型
19		2016.4.16	五里坡大桥	连续刚构桥	160	173	宝鸡市	宝鸡—汉中高速公路	典型
20		2016.4.16	涧口河大桥	连续刚构桥	160	120	宝鸡市	宝鸡—汉中高速公路	典型
21		2016.4.17	三水河大桥	连续刚构桥	185	194.5	咸阳市旬邑县	G69	典型
22		2016.4.17	吕村河大桥	连续刚构桥	120	135	铜川市	G3511	典型
23		2016.4.17	沮河大桥	连续刚构桥	160	159	铜川市	G65w	典型
24		2016.4.18	洛河大桥	连续刚构桥	160	152.5	延安市	G65w	典型
25		2016.4.18	赵氏河大桥	连续刚构桥	160	116	铜川市	G65w	典型
26		2016.4.19	徐水沟大桥	连续刚构桥	20	105	合阳县	G5	典型
27		2016.4.19	太枣沟大桥	连续刚构桥	170	125.5	合阳县	G5	典型
28	西藏	2016.5.5	迫龙沟大桥	混合梁斜拉桥	430	88	波密县	G318	典型
29		2016.5.5	通麦大桥	钢桁梁悬索桥	256	75	波密县	G318	典型
30	湖北	2016.5.21	小河大桥	钢管混凝土拱桥	338	208	恩施市	G50	典型
31		2016.5.21	清江大桥	混凝土独塔斜拉桥	220	120	恩施市	G50	典型
32		2016.5.21	野三河大桥	连续刚构桥	200	180	建始县	G50	典型
33		2016.5.22	南里渡大桥	钢管混凝土拱桥	220	160	恩施市	G318	典型
34		2016.5.22	景阳河大桥	钢管混凝土拱桥	260	125	建始县	X020	典型

SITE SURVEY

中国公路峡谷大桥现场调研记录

续上表

序号	省(市、自治区)	调研时间	桥 名	桥型结构	主跨(m)	桥面高度(m)	所 在 地	所属路线	典型度
35	湖北	2016.5.22	支井河大桥	钢管混凝土拱桥	430	277	巴东县	G50	典型
36		2016.5.23	四渡河大桥	钢桁梁悬索桥	900	560	巴东县	G50	典型
37		2016.5.23	铁罗坪大桥	混凝土斜拉桥	322	211.37	长阳土家族自治县	G50	典型
38		2016.5.23	龙潭河大桥	连续刚构桥	200	192	长阳土家族自治县	G50	典型
39		2016.5.23	魏家洲大桥	连续刚构桥	200	219	长阳土家族自治县	G50	典型
40		2016.5.23	平邑口桥	钢筋混凝土拱桥	180	100	兴山县	Y016	非典型
41		2016.5.24	神农溪大桥	混凝土斜拉桥	320	160	巴东县	G42	典型
42		2016.5.24	无源洞大桥	钢筋混凝土拱桥	160	180	巴东县	Y078	典型
43		2016.5.24	锣鼓洞桥	钢筋混凝土拱桥	130	143	秭归县	C184	非典型
44	贵州	2016.6.19	清水河大桥	钢桁梁悬索桥	1130	407	开阳县	G69	典型
45		2016.6.19	乌江大桥	混合——叠合梁斜拉桥	360	85	道真县	G69	典型
46		2016.6.20	赫章大桥	连续刚构桥	180	205	赫章县	S20	典型
47		2016.6.20	总溪河大桥	钢管混凝土拱桥	360	270	纳雍县	G56	典型
48		2016.6.20	抵母河大桥	钢桁梁悬索桥	538	360	水城县	G56	典型
49		2016.6.22	毕都高速公路北盘江大桥	钢桁梁斜拉桥	720	565	水城县	G56	典型
50		2016.6.22	水盘高速公路北盘江大桥	空腹式连续刚构	290	143	水城县	S77	典型
51		2016.6.22	镇胜高速公路北盘江大桥	钢桁梁悬索桥	636	320	晴隆县	G61	典型

续上表

序号	省(市、自治区)	调研时间	桥名	桥型结构	主跨(m)	桥面高度(m)	所在地	所属路线	典型度
52	贵州	2016.6.22	坝陵河大桥	钢桁梁悬索桥	1088	370	关岭县	G60	典型
53		2016.6.23	鸭池河大桥	钢桁梁斜拉桥	800	258.2	黔西县	S82	典型
54	重庆	2016.7.13	荔枝乌江大桥	混凝土斜拉桥	320	160	涪陵区	G50s	非典型
55		2016.7.13	龙河大桥	连续刚构桥	240	203	丰都县	G50s	非典型
56		2016.7.13	乌江大桥	钢筋混凝土拱桥	200	80	涪陵区	S103	非典型
57		2016.7.13	羊角乌江大桥	钢筋混凝土拱桥	170	80	武隆县	C482	非典型
58		2016.7.13	土坎乌江大桥	连续刚构桥	180	75	武隆县	G319	非典型
59		2016.7.13	土坎乌江大桥	连续刚构桥	200	85	武隆县	G65	典型
60		2016.7.14	武陵山大桥	混凝土斜拉桥	360	262	黔江区	G65	典型
61		2016.7.14	沿溪沟大桥	连续刚构桥	150	158	黔江区	G65	典型
62		2016.7.14	细沙河大桥	钢管混凝土拱桥	190	288	黔江区	G65	典型
63		2016.7.14	宜居河大桥	单T形刚构桥	115	114	酉阳县	S26	典型
64	湖北	2016.7.15	龙桥	钢管混凝土拱桥	280	200	宣恩县	G6911	典型
65	四川	2016.11.9	磨刀溪大桥	钢筋混凝土拱桥	266	164	古蔺县	S26	典型
66		2016.11.9	冷水河大桥	连续刚构桥	200	164	叙永县	G76	典型
67		2016.11.9	赤水河大桥	连续刚构桥	248	190	叙永县	G76	典型
68		2016.11.10	泸定大渡河大桥	钢桁梁悬索桥	1100	285	泸定县	G4218	典型

SITE SURVEY
中国公路峡谷大桥现场调研记录

续上表

序号	省(市、自治区)	调研时间	桥 名	桥型结构	主跨(m)	桥面高度(m)	所 在 地	所属路线	典型度
69	四川	2016.11.11	腊八井大桥	连续刚构桥	200	271	荥经县	G5	典型
70		2016.11.12	黑石沟大桥	连续刚构桥	200	246	荥经县	G5	典型
71	山西	2015.10.14	仙神河大桥	独塔混凝土斜拉桥	123	170	泽州县	G55	典型
72		2015.10.14	丹河大桥	石板拱桥	146	80.6	泽州县	G5512	典型